D0507616

Brückenkurs

Kursbuch + Arbeitsbuch
Lektion 6–10

Michaela Perlmann-Balme
Susanne Schwalb
Jutta Orth-Chambah
Dörte Weers

Hueber Verlag

AB 76 2–3 = Arbeitsbuch: Seite und Aufgabennummer

GR 4 = Aufgabe zur Grammatik

GR S. 80/1 = Grammatikanhang der Lektion auf der angegebenen Seite

ÜG S. 118 = Verweis auf die em Übungsgrammatik (ISBN 978-3-19-001657-0)

zu Seite 71, 5 = Kursbuch: Seite und Aufgabennummer

Das Werk und seine Teile sind urheberrechtlich geschützt.
Jede Verwertung in anderen als den gesetzlich zugelassenen
Fällen bedarf deshalb der vorherigen schriftlichen
Einwilligung des Verlags.

Hinweis zu § 52a UrhG: Weder das Werk noch seine Teile dürfen ohne
eine solche Einwilligung überspielt, gespeichert und in ein Netzwerk
eingespielt werden. Dies gilt auch für Intranets von Firmen und von Schulen
und sonstigen Bildungseinrichtungen.

6. 5. 4. | Die letzten Ziffern
2016 15 14 13 12 | bezeichnen Zahl und Jahr des Druckes.
Alle Drucke dieser Auflage können, da unverändert,
nebeneinander benutzt werden.
1. Auflage
© 2008 Hueber Verlag, 85737 Ismaning, Deutschland
Verlagsredaktion: Maria Koettgen, Dörte Weers, Thomas Stark, Hueber Verlag, Ismaning
Layout: Marlene Kern, München
Zeichnungen: Martin Guhl, Duillier Genf
Druck und Bindung: Himmer AG, Augsburg
Printed in Germany
ISBN 978-3-19-551696-9

INHALT KURSBUCH

INHALT ARBEITSBUCH

INHALT ARBEITSBUCH

KURSPROGRAMM

KURSPROGRAMM

VORWORT

Liebe Leserin, lieber Leser,

in den vergangenen Jahren haben viele erwachsene Lernende weltweit ihre Deutschkenntnisse mit dem Lehrwerk *em* Brückenkurs ausgebaut. Dieses Lehrwerk eignet sich für Lernende, die das *Zertifikat Deutsch* oder eine vergleichbare Qualifikation anstreben.

Wenn Sie alle Lektionen in Kurs- und Arbeitsbuch erfolgreich durcharbeiten, können Sie am Ende eines Kurses das Niveau B1+ (Erweiterung und Vertiefung des Niveaus B1) erreichen, das im *Gemeinsamen europäischen Referenzrahmen für Sprachen* als die dritte von sechs Stufen beschrieben ist.

Das flexible Baukastensystem von *em* erlaubt es Ihnen, in einem Kurs ein Lernprogramm zusammenzustellen, das auf Ihre Bedürfnisse abgestimmt ist. Mit *em* werden die vier Fertigkeiten – Lesen, Hören, Schreiben und Sprechen – systematisch trainiert. Dabei gehen wir von der lebendigen Alltagssprache aus. Das breite Spektrum an Texten, die Sie im Inhaltsverzeichnis aufgelistet finden, spiegelt die aktuelle Realität außerhalb des Klassenzimmers wider, für die wir Sie fit machen wollen.

Sie begegnen Werken der deutschsprachigen Literatur ebenso wie Texten aus der Presse und dem Rundfunk. Beim Sprechen und Schreiben lernen Sie mit praxisorientierten Anlässen sprachlich agieren. Sie trainieren Strategien für Diskussionen, Beratungs- und Auskunftsgespräche und Verhandlungen, die Sie in der Arbeitswelt wie auch im Studium gut gebrauchen können. Schreiben üben Sie unter anderem an modernen elektronischen Kommunikationsformen wie E-Mails.

Unser Grammatikprogramm stellt Ihnen bereits Bekanntes und Neues im Zusammenhang dar.
So können Sie Ihr sprachliches Wissen systematisch ausbauen. Auf den letzten Seiten jeder Lektion ist der Grammatikstoff übersichtlich zusammengestellt.

Das Arbeitsbuch bietet vielseitige Übungen zum Nachbereiten des Unterrichts und zum Selbstlernen. Jeweils auf der letzten Seite eines Arbeitsbuchkapitels finden Sie Checklisten, mit deren Hilfe Sie Ihren Weg zum Erreichen des Niveaus B1 nachvollziehen und aktiv beobachten können.
Zusätzliches Übungsmaterial sowie Online-Aufgaben finden Sie im Internet unter
www.hueber.de/em-neu/.

Viel Spaß beim Lesen, Lernen und Durcharbeiten
wünschen Ihnen

die Autorinnen

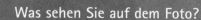

1 Was sehen Sie auf dem Foto?

- (a) Wer sind die Personen?
- (b) Woher kommen sie?
- (c) Was tun sie gerade?
- (d) Warum?

2 Ein ungleiches Paar

Beschreiben Sie die Gegensätze dieser beiden Personen.
die Hautfarbe – die Kleidung – die Körpergröße

3 Lesen Sie die kurze Inhaltsangabe eines Films.

Was erzählt der Film wohl über die beiden Personen?

Die fünfjährige Regina beginnt 1937 mit ihren Eltern, Jettel und Walter, auf einer einsam gelegenen Farm in Kenia ein neues Leben. Dort führt die jüdische Familie ein ärmliches – aber sicheres – Leben fern von ihrer Heimat Deutschland. Regina entdeckt während der Jahre fernab von den Kriegswirren und der Verfolgung in Europa den Zauber Afrikas. Eine Schlüsselfigur für die Entdeckungsreise zu den Menschen dieses Kontinents ist Owuor, der afrikanische Koch der Familie.

LESEN 1

1 **Welche deutschsprachigen Regisseure kennen Sie?**
Was wissen Sie über diese Person/en?

2 **Lesen Sie die Kurzbiografie.**

Die junge Filmemacherin Caroline Link kann schon jetzt auf eine beachtliche Karriere zurückblicken. Zwei ihrer drei Kinofilme wurden für den Oscar in der Kategorie „Bester nicht-englischsprachiger Film" nominiert – eine Ehre, von der viele Regisseure ein Leben lang vergeblich träumen. Und im zweiten Anlauf bekam sie die Auszeichnung für den Film „Nirgendwo in Afrika" tatsächlich verliehen. Dabei wollte Caroline Link, die 1964 im hessischen Bad Nauheim geboren wurde, eigentlich Kamerafrau werden. Seit 1978 lebt sie – abgesehen von einem einjährigen Abstecher 1983 in die USA – in München, wo sie im Jahr nach Ihrer Rückkehr während eines Praktikums in den Bavaria Filmstudios einige Monate lang technische Filmerfahrung sammelte. Von 1986 bis 1990 studierte sie dann an der Hochschule für Fernsehen und Film.

Schon während des Studiums arbeitete sie für diverse Fernsehsender an verschiedenen TV- und Filmprojekten mit, später erhielt sie mehrere Drehbuch- und Regieaufträge für Dokumentar- und Werbefilme. 1992 drehte sie für das Zweite Deutsche Fernsehen. In dem Kinderfilm „Kalle, der Träumer" geht es um einen Jungen, der sich mit seiner blühenden Fantasie das Leben schöner träumt. Schon hier wird Links filmisches Interesse deutlich: Im Mittelpunkt ihrer Filme stehen unspektakuläre Personen und das Besondere in ihrem Alltag. In ihrem Debütfilm „Jenseits der Stille" (1996) schildert die Regisseurin mit poetischen Bildern und witzigen Dialogen das Heranwachsen eines Mädchens, dessen Eltern gehörlos sind. Gegen den Willen ihrer Eltern möchte die Tochter schließlich Musikerin werden.

Ihr zweiter Kinofilm ist eine Adaption von Erich Kästners beliebtem Kinderbuch „Pünktchen und Anton", in der sie die Freundschaft zwischen der quirligen Tochter aus gutem Hause und dem armen Jungen einer schwer kranken Mutter vom Berlin der 20er-Jahre ins München des 21. Jahrhunderts verlegt. Der Zuschauererfolg wurde 1999 mit dem Bayerischen Filmpreis für den besten Kinderfilm prämiert.

Um von ihrem Image als Kinderfilmregisseurin wegzukommen, das man ihr in der Folge aufdrückte, verfilmte Link als Nächstes „Nirgendwo in Afrika", den autobiografischen Roman von Stefanie Zweig. Erzählt wird die Geschichte einer jüdischen Familie, die vor den Nazis nach Kenia flüchtet. Der Publikumsmagnet gewann beim Deutschen Filmpreis fünf Lolas, unter anderem als „Bester Film" und für die „Beste Regie", wurde für den Golden Globe nominiert und erhielt im Jahre 2003 den Oscar für den besten ausländischen Film. Mit ihrem Lebensgefährten, dem Regisseur Dominik Graf, hat sie die gemeinsame Tochter Pauline, die 2002 geboren wurde. Bleibt abzuwarten, womit uns die erfolgreiche Filmemacherin in Zukunft überraschen wird.

3 **Tabellarischer Lebenslauf von Caroline Link**

a Bringen Sie die Ereignisse in die richtige zeitliche Reihenfolge.
Geben Sie das Jahr an.

geboren in Bad Nauheim – Praktikum in den Bavaria Filmstudios – Film über das Leben einer Tochter gehörloser Eltern – Geburt der Tochter – Aufenthalt in den USA – Auslands-Oscar für „Nirgendwo in Afrika" – Studium an der Hochschule für Fernsehen und Film – Verfilmung eines Kinderbuches von Erich Kästner – erster Fernsehfilm „Kalle, der Träumer"

1964 *geboren in Bad Nauheim*
19.. *...*

b Fomulieren Sie ganze Sätze zu Caroline Links Lebenslauf.

Beispiel: *Caroline Link wurde 1964 in Bad Nauheim geboren.*
Sie legte ihr Abitur ... ab.

GR **4** **Suchen Sie aus dem Text alle Relativsätze heraus.** GR S. 80/1

In welchem Kasus steht das Relativpronomen? Gehört eine Präposition dazu?

Wer?	Präposition	Relativpronomen	Kasus
Eine Ehre, *von der* viele Regisseure ein Leben lang träumen.	von	der	Dativ
...			

GR 5

Bekannte deutsche Regisseure

Bilden Sie Relativsätze nach folgendem Beispiel.

Margarethe von Trotta führte in „Katharina Blum“ gemeinsam mit **Volker Schlöndorff** Regie. Sie heiratete ihn 1971.
Margarethe von Trotta führte in „Katharina Blum“ gemeinsam Regie mit Volker Schlöndorff, ***den*** *sie 1971* ***heiratete.***

a. **Margarethe von Trotta** ist eine bekannte Regisseurin. Ihr ist das Thema „Frau in der Gesellschaft“ wichtig.

b. Tom Tykwer ist Regisseur **des Films „Lola rennt“**. Mit diesem Film wurde er international bekannt.

c. Tom Tykwers erste internationale Produktion war **der Film „Heaven“**. Sein Drehbuch stammte erstmals nicht vom Regisseur.

d. Caroline Link hat ihren Lebensmittelpunkt in **München.** In dieser Stadt besuchte sie auch die Hochschule für Fernsehen und Film.

AB 76 2–3

GR 6

Ergänzen Sie die Regeln zum Relativsatz.

Formen	Formen des Relativpronomens = Formen des bestimmten Artikels	*die Frau, die die Hauptrolle spielte* *der Mann, der die Hauptrolle spielte* *der Mann, dem man die Hauptrolle gab*
	nur nicht im	*Frauen, denen man die Hauptrolle gab* *Männer, denen man die Hauptrolle gab*
	und im	*der Schauspieler, dessen Rolle schwierig war* *die Schauspielerin, deren Rolle schwierig war* *das Filmteam, dessen Arbeit schwierig war*
Verb/Adjektiv + ...	z.B. *wütend sein auf + Akk.* z.B. *mitarbeiten an + Dat.*	*der Schauspieler, auf den der Regisseur wütend war* *verschiedene TV-Produktionen, an denen sie mitarbeitete*
nach Pronomen	z.B. *nichts, alles, etwas, vieles* Relativpronomen:	*Sie liebte alles, was außergewöhnlich war.*
nach ganzem Satz	*was, womit* usw., wenn sich das Relativpronomen auf einen .... bezieht.	*Wir haben heute im Unterricht einen Film gesehen, was ich mir seit Langem gewünscht hatte.*

GR 7

Ergänzen Sie die Sätze.

a. Mit 18 Jahren kommt Margarethe von Trotta zum ersten Mal nach Paris, w.................... sie die Faszination des Films erfährt.

b. „Rosenstraße“ ist ein Film, **in** .... dargestellt wird, wie Frauen während der Hitler-Diktatur erfolgreich Widerstand leisten.

c. „Lola rennt“ war in den USA einer der erfolgreichsten nicht-amerikanischen Filme, **d**.................... jemals im US-Kino gezeigt wurden.

d. Thematisch gibt es vieles, **w**.................... sich der in Berlin lebende Tom Tykwer befasst.

e. Tykwers vierter Film, „Der Krieger und die Kaiserin“, **bei** .... er erneut mit Lola-Darstellerin Franka Potente zusammenarbeitete, lief in mehr als 20 Ländern im Kino.

AB 77 4–6

WORTSCHATZ – *Film*

1 **Was fällt Ihnen zum Thema *Film* spontan ein?**

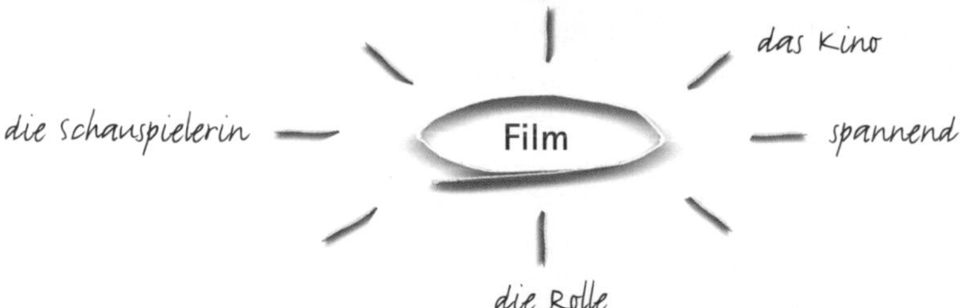

2 **Ordnen Sie die Wörter aus Aufgabe 1 in die vier Gruppen.**

Wer?	Was?	Wo?	Wie?
die Schauspielerin	die Rolle	das Kino	spannend

3 **Was machen diese beiden Leute wohl beim Film?**

6

4 **Wer macht was bei einer Filmproduktion?**

Ordnen Sie zu.

die Drehbuchautorin – der Kameramann – ~~der Kostümdesigner~~ – der Maskenbildner – die Produzentin – die Regisseurin

a ....

- den Film einlegen
- Aufnahmen von den Drehorten machen
- die Kamera bedienen

b ....

- die Schauspieler schminken
- die Schauspieler für die Aufnahmen vorbereiten
- die Darsteller frisieren

c ....

- das Drehbuch aussuchen
- die Werbung für den Film organisieren
- alle Mitarbeiter engagieren

d ....

- sich Bewegungen zu den Texten ausdenken
- den Schauspielern die Szenen erklären
- die Schauspieler einen Text sprechen lassen

e der Kostümdesigner

- die Kostüme entwerfen
- die Kleidung der Figuren aussuchen
- die Kleidung vor den Aufnahmen kontrollieren

f ....

- ein Filmskript schreiben
- aus einer literarischen Vorlage ein Drehbuch machen
- Dialoge schreiben

5 **Welche Art von Filmen mögen Sie, welche nicht?**

Kreuzen Sie an und suchen Sie passende Adjektive.

Ja	Nein	Filmgenre	Adjektive
X		der Abenteuerfilm	aufregend, spannend
		die Komödie	
		der Kriminalfilm	
		der Liebesfilm	
		die Literaturverfilmung	
		der Stummfilm	
		der Zeichentrickfilm	

AB 78 7–8

SPRECHEN 1

1 „Nirgendwo in Afrika"

a Was fällt Ihnen zu diesem Filmtitel ein?

b Was wissen Sie bereits über diesen Film?

2 Willkommen

a Sehen Sie die Filmszene **ohne** Ton. (DVD-Zählwerk 0:16:01–0:17:55)

- Wo spielt die Szene? Was passiert?
- Wer sind die vier Personen? Welche Beziehungen verbinden sie miteinander? Woran erkennen Sie das?
- Wie wird das Mädchen von dem Einheimischen empfangen? Wie reagiert es darauf?

b Sehen Sie die Szene nun noch einmal **mit** Ton.

- Wie verständigen sich die Personen?
- In welcher Sprache werden sie wohl in Zukunft miteinander sprechen?

3 Abschied

a Lesen Sie das Gespräch unten.

- Worum geht es hier?
- Wer sagt das? Ordnen Sie die Personen zu: Reginas Vater Walter (W), Owuor (O), Regina (R).

Owuor

Regina

Walter

[W] Was machst du denn hier?

[ ] Ich warte auf die Sonne.

[ ] Und warum? Willst du den Hund auf dem Markt verkaufen?

[ ] Ich wollte nicht, dass du mich so siehst. Rummler und ich gehen auf eine lange Safari. **Wer zuerst auf Safari geht, hat trockene Augen.**

[ ] Sag der kleinen Memsaab „Auf Wiedersehen!" Soll ich ihr sagen: Owuor ist fort und wollte dich nicht wiedersehen?

[ ] **Die kleine Memsaab wird das verstehen. Sie versteht immer alles. Sie hat Augen und ein Herz wie wir.**

[ ] **Owuor muss gehen. Oder willst du, dass sein Herz eintrocknet? Er will nicht sterben!**

[ ] **Jetzt hör mal auf mit diesem Quatsch! An einem Abschied stirbt man nicht, sonst wäre ich schon längst tot.**

[ ] Du musst mich noch mal hochheben, so wie in Rongai an meinem ersten Tag. Du darfst nicht gehen. Du willst doch gar nicht auf Safari.

[ ] Pass auf den Buana auf, er ist noch wie ein Kind. Du bist klug, du musst ihm den Weg zeigen.

b Sehen Sie sich nun die Szene im Film an und vergleichen Sie. (DVD-Zählwerk 02:06:12–02:09:06)

- Wie gehen die Personen mit dem Abschied um? Erklären Sie die fett gedruckten Dialogstellen.
- Wie viel Zeit ist zwischen Ankunft und Abschied wohl vergangen?
- Was hält Owuor von Regina? Warum hat sie mehr Verständnis für ihn als Walter?

4 Die Szenen „Willkommen" und „Abschied"

Wie zeigt die Regisseurin Caroline Link die Begegnung der Kulturen?

1 **Was sehen Sie auf dem Foto?**

ⓐ Wer ist zu sehen? ⓑ Wo sind die Personen? ⓒ Was tun sie?

2 **Lesen Sie zu diesem Foto den Artikel aus einem Filmlexikon.**

Welche Überschrift passt zu den Abschnitten 1 bis 4?

Bedeutung für die Filmgeschichte	Inhalt des Films	Daten zum Film	Leistungen des Regisseurs, des Komponisten usw.
			4

Der blaue Engel

❶ **Deutschland, 1930**
Regie: Joseph von Sternberg
Drehbuchautor: Carl Zuckmayer u.a.
nach dem Roman *Professor Unrat* **von Heinrich Mann**
Darsteller: Emil Jannings, Marlene Dietrich u.a.

❷ Professor Immanuel Rath, von seinen Schülern „Unrat" genannt, ist Englischlehrer am Gymnasium in einer deutschen Kleinstadt. Er findet heraus, dass seine Schüler jeden Abend in das Nachtlokal *Der blaue Engel* gehen, weil sie die Sängerin Lola sehen wollen. Er will die Sängerin zur Rede stellen. Aus diesem Grund geht er selber in das Lokal. Doch als er Lola persönlich kennenlernt, verliebt er sich in sie. Er verzichtet auf seine Stelle als Professor, um mit ihr auf Tournee zu gehen. So reist er mit Lola herum und muss sich seinen Lebensunterhalt als Clown verdienen. Schon bald geht es mit Rath bergab, denn Lola verliert das Interesse an ihm. Als Rath in seiner Heimatstadt im *Blauen Engel* auftreten muss, kommt es zum Skandal. Rath beobachtet Lola beim Flirt mit einem anderen Mann. Daraufhin versucht er sie zu erwürgen. Deshalb steckt man ihn in eine Zwangsjacke. In der Nacht, als er wieder frei ist, kehrt Rath heimlich zurück in sein altes Klassenzimmer und stirbt.

❸ Der Film ist einer der wenigen Welterfolge des deutschen Tonfilms. Trotzdem war er umstritten. Der Regisseur Sternberg hatte Heinrich Manns Roman nämlich an entscheidenden Punkten verändert. Der Held des Films ist nicht unsympathisch, obwohl Mann 1905 eine negative Figur geschaffen hatte.

❹ Die schauspielerischen Leistungen, die kluge Regie und die passende Musik von Friedrich Hollaender sind bemerkenswert. Lieder wie *Ich bin von Kopf bis Fuß auf Liebe eingestellt* wurden weltbekannt und machten die Dietrich zum Star.

3 **Unterstreichen Sie alle Schlüsselwörter in Absatz 2.**

Beantworten Sie dann die folgenden Fragen.

ⓐ Wo spielt der Film?
ⓑ Welchen Beruf haben die beiden Hauptpersonen?
ⓒ Wo und warum lernen sie sich kennen?
ⓓ Wie entwickelt sich ihr Verhältnis?
ⓔ Wie endet der Film?

GR 4

Funktion von Konnektoren

GR S. 80/2

Unterstreichen Sie in Abschnitt 2 und 3 Wörter, die Sätze verbinden.
Ordnen Sie diese Konnektoren nach ihrer Funktion in die drei Spalten.

kausal: Grund	konzessiv: Gegengrund	andere
Die Schüler gehen in das Nachtlokal, weil sie die Sängerin Lola sehen wollen.	Der Film ist ein Welterfolg. Trotzdem war er umstritten.	Er findet heraus, dass seine Schüler jeden Abend in das Nachtlokal DER BLAUE ENGEL gehen.

GR 5

Konnektoren: gleiche Funktion – verschiedene Struktur

Ergänzen Sie die Sätze. Achten Sie auf die Wortstellung.

Mit Rath geht es bergab,	denn	Lola verliert bald das Interesse an ihm.
Er will die Sängerin zur Rede stellen.	Aus diesem Grund	...
Er verzichtet auf seine Stelle,	weil	...
Weil er mit ihr auf Tournee gehen will,		...

GR 6

Analysieren Sie die Wortstellung.

a Wo steht das Verb in den verschiedenen Satzstrukturen?
b Was passiert, wenn der Nebensatz vor dem Hauptsatz steht?
c Welche Satzstruktur passt zu folgenden Konnektoren?

Hauptsatz + Hauptsatz	Hauptsatz + ______	______ + Konnektor + ______
darum, deshalb, deswegen, trotzdem	da, obwohl, weil	denn, aber

GR 7

Kausale Satzverbindungen

Bilden Sie sinnvolle Sätze nach dem folgenden Beispiel.
Heike schaut sich gern alte Filme an. Sie interessiert sich für Filmgeschichte.
Heike schaut sich gern alte Filme an, denn sie interessiert sich für Filmgeschichte.
Heike interessiert sich für Filmgeschichte. Deshalb ...
Heike schaut sich gern alte Filme an, weil ...

a Dieser Film war für Marlene Dietrich sehr wichtig. Er war der Anfang ihres Welterfolgs.
b *Der blaue Engel* ist einer der besten deutschen Filme. Ich empfehle dir, ihn mal anzuschauen.

AB 80 9–10

GR 8

Konzessive Satzverbindungen

Bilden Sie sinnvolle Sätze nach dem folgenden Beispiel.
Lola ist keine passende Frau für ihn. Der Professor verliebt sich in sie.
Obwohl Lola keine passende Frau für ihn ist, verliebt sich der Professor in sie.
Lola ist zwar nicht die passende Frau für ihn. Trotzdem verliebt sich der Professor in sie.

a Ich mag eigentlich keine Schwarz-Weiß-Filme. *Der blaue Engel* interessiert mich.
b Der Professor verliebt sich in Lola. Ihre Welt bleibt ihm suspekt.

AB 81 11–13

GR 9

Spiel: Begründungen

Jede/r schreibt ein Tier oder den Namen eines Prominenten auf einen Zettel, faltet den Zettel und gibt ihn verdeckt an die Nachbarin / den Nachbarn weiter, die/der ein Nomen auf die freie Seite des Zettels schreibt. Die Zettel werden gemischt und verteilt. Jede/r stellt eine Frage mit *warum*, die Nachbarin / der Nachbar antwortet. Beispiele:

das Krokodil | das Sofa

Frage	Antwort
Das Krokodil liegt auf dem Sofa. Warum denn wohl?	Es ist müde. Deshalb will es schlafen.

AB 82 14

1 Sehen Sie sich die Kinowerbung an.

ⓐ Welches Filmplakat finden Sie interessant? Warum?

ⓑ Worum geht es in den Filmen wohl? AB 82 15

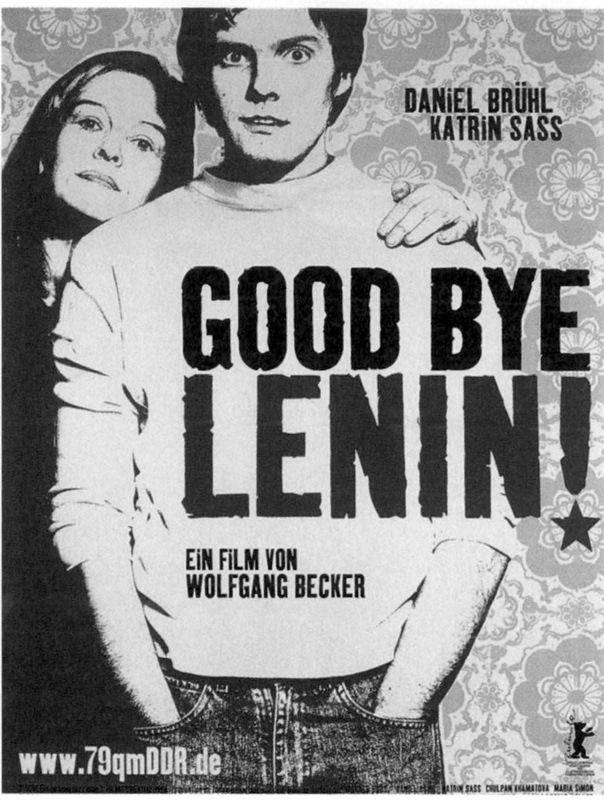

6

2 Einen Videoabend für den Kurs planen

Sie möchten im Kurs einen Videoabend organisieren. Zu zweit besprechen Sie die Einzelheiten. Machen Sie sich für das Gespräch einige Notizen.

- Wann? Tag? Uhrzeit?
- Wo?
- Wie oft?
- Was für Filme?
- Woher die Filme?
- Was noch?

Vorschläge machen und begründen	***auf den Vorschlag eingehen***	***eine Entscheidung treffen***
Was hältst du / halten Sie von ...	*Das ist eine gute Idee.*	*Das heißt, am besten ...*
Wie wär's mit ...	*Das ist ein guter Vorschlag.*	*Also, ich bin für ...*
Ich schlage vor, ...	*Ich hätte (vielleicht) eine bessere Idee.*	*Also, dann machen wir es so ...*
Wir könnten natürlich auch ...	*Dann sollten wir aber ...*	*Gut, dann lass uns doch ...*
Dazu brauchen wir ...		

AB 83 16

SCHREIBEN

1 **Unterstreichen Sie im folgenden Zitat alle Adjektive.**

Ordnen Sie sie nach positiver und negativer Bedeutung.

Joseph von Sternberg formte das Bild, das zur Legende werden sollte: das Bild der sinnlichen, dekadenten Blondine, die in einer überfüllten Kneipe durch Wolken von Zigarettenrauch ihre Lieder singt, einer amoralischen Verführerin, die Beine und Strumpfbänder sehen lässt. Sie war anders als alle Filmstars vor ihr – weder eine anhängliche Naive noch ein männermordender Vamp, sondern eine kühle, selbstsichere Frau. Sie war zugleich begehrenswert und schwer zu fassen, scheinbar weich, in Wirklichkeit aber stahlhart.

positiv	negativ
sinnlich	dekadent

2 **Artikel für die Kurszeitung: Meine Lieblingsschauspielerin**

Bereiten Sie zu zweit einen Artikel für eine Kurszeitung vor. Arbeiten Sie in folgenden Schritten.

Schritt 1 **Sammeln**

Sammeln Sie zuerst Ideen und Informationen zu Ihrer Lieblingsschauspielerin. Recherchieren Sie dazu in Zeitschriften oder Büchern. Notieren Sie alles, was Ihnen einfällt bzw. was Sie erfahren, auf einem Blatt Papier. Sammeln Sie auch Fotos.

Schritt 2 **Ordnen**

Notieren Sie Stichpunkte zu den folgenden Aspekten.

- Name
- Alter
- Nationalität

- Aussehen
- Charakter/Typ
- besonders interessant/ sympathisch

- Filmtitel (möglichst international bekannt)
- Art von Film
- Worum geht es in dem Film?

Schritt 3 **Gliedern**

Nummerieren Sie bei den folgenden Gliederungspunkten mit 1, was Sie am Anfang sagen wollen, und mit 7, was Sie zuletzt beschreiben wollen.

- [ ] Beschreiben Sie, was typisch für diese Schauspielerin ist.
- [ ] Falls es keine international bekannte Person ist: Erklären Sie, womit sie in Ihrem Heimatland bekannt geworden ist.
- [1] Sagen Sie, um wen es sich handelt.
- [ ] Vergleichen Sie Ihre Lieblingsschauspielerin mit Marlene Dietrich.
- [ ] Geben Sie einige Informationen über sie.
- [ ] Berichten Sie von einem Film, in dem sie mitspielt.
- [ ] Fassen Sie in drei Sätzen zusammen, worum es in dem Film geht.

Schritt 4 **Ausformulieren**

Sehen Sie sich dazu noch einmal Seite 72 zum Wortschatz und das Textbeispiel unter Nummer 1 oben an.
Notieren Sie sich Wörter, die Sie verwenden wollen.
Sie könnten Ihren Text so beginnen:

Unsere Lieblingsschauspielerin ist/heißt ... Sie ist ... Sie hat zum Beispiel in Filmen wie ... mitgespielt. Sie spielt meistens ... Frauen. In dem Film, den ich zuletzt / vor einiger Zeit gesehen habe, ist sie eine ...

3 **Lesen Sie Ihren Artikel in der Klasse vor.** AB 83 17

1 **Sehen Sie sich das Foto an.**
Wie alt ist Marlene Dietrich hier wohl?

2 **Hören Sie die erste Strophe eines Liedes.**
CD 2|1
Wie ist die Stimmung, die Atmosphäre?

angenehm – komisch – sachlich – ernst – melancholisch – traurig – warm – witzig

3 **Hören Sie das Lied jetzt einmal ganz.**
CD 2|2
Welche Beziehung gibt es zwischen diesen Wörtern? Verbinden Sie mit Pfeilen und erklären Sie.

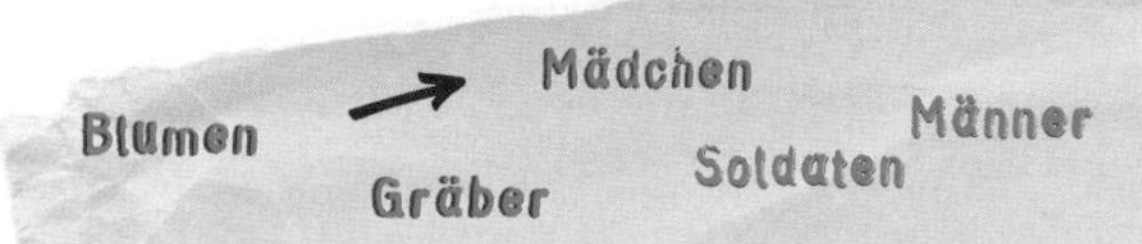

4 **Lesen Sie den Liedtext.**
Unterstreichen Sie die Zeilen, die in jeder Strophe neu sind. Was fällt Ihnen an der Form auf?

6

Sag mir, wo die Blumen sind

1 *Sag mir, wo die Blumen sind.*
Wo sind sie geblieben?
Sag mir, wo die Blumen sind.
Was ist geschehn?
Sag mir, wo die Blumen sind.
Mädchen pflückten sie geschwind.
Wann wird man je verstehn,
wann wird man je verstehn?

2 *Sag mir, wo die Mädchen sind.*
Wo sind sie geblieben?
Sag mir, wo die Mädchen sind.
Was ist geschehn?
Sag mir, wo die Mädchen sind.
Männer nahmen sie geschwind.
Wann wird man je verstehn,
wann wird man je verstehn?

3 *Sag mir, wo die Männer sind.*
Wo sind sie geblieben?
Sag mir, wo die Männer sind.
Was ist geschehn?
Sag mir, wo die Männer sind.
Zogen fort, der Krieg beginnt.
Wann wird man je verstehn,
wann wird man je verstehn?

4 *Sag, wo die Soldaten sind.*
Wo sind sie geblieben?
Sag, wo die Soldaten sind.
Was ist geschehn?
Sag, wo die Soldaten sind.
Über Gräbern weht der Wind.
Wann wird man je verstehn,
wann wird man je verstehn?

5 *Sag mir, wo die Gräber sind.*
Wo sind sie geblieben?
Sag mir, wo die Gräber sind.
Was ist geschehn?
Sag mir, wo die Gräber sind.
Blumen blühn im Sommerwind.
Wann wird man je verstehn,
wann wird man je verstehn?

6 *Sag mir, wo die Blumen sind.*
Wo sind sie geblieben?
Sag mir, wo die Blumen sind.
Was ist geschehn?
Sag mir, wo die Blumen sind.
Mädchen pflückten sie geschwind.
Wann wird man je verstehn,
wann wird man je verstehn?

5 **Worum geht es in diesem Lied?**
Kennen Sie ein ähnliches Lied in Ihrer Sprache? Berichten Sie in der Klasse. AB 84 18

GR 6 **Indirekte Fragen** GR S. 80/3
Stellen Sie sich zu zweit Fragen. Einer fragt, der andere antwortet, und umgekehrt.
Beispiele: *Sag mir,* **wann** *du geboren* **bist.**
Weißt du noch, **wie** *der wichtigste Film der Dietrich* **heißt***?*

der wichtigste Film der Dietrich – der Spitzname des Professors in diesem Film – für Marlene Dietrich besonders typisch – der Autor des Romans – Fanbriefe pro Tag – Alter von Marlene Dietrich – sie außer Schauspielerin noch war

AB 84 19

1 **Sehen Sie sich die beiden Fotos an.**

a Welches Bild gefällt Ihnen besser?

b Um welches Thema könnte es jeweils gehen?

c Was fällt Ihnen dazu ein? Sammeln Sie einige Assoziationen.

2 **Wählen Sie eines der beiden folgenden Themen für Ihr Projekt.**

a Welche deutschen Filme sind in meiner Umgebung bekannt und beliebt?

b Wie werden die Deutschen in Filmen dargestellt?

3 **Machen Sie mithilfe des Fragebogens ein Interview.**

- Befragen Sie
- einige Bekannte und

eine/n deutschsprachige/n Bekannte/n.
Notieren Sie die Antworten in dem Fragebogen.

Fragebogen

Deutsche Filme

1 Welche Schauspieler sind bekannt?

....

2 Welche Schauspieler mögen Sie persönlich?

....

3 Deutsche Regisseure?

....

4 Deutsche Filme / wo gezeigt?

....

5 Wie häufig?

....

6 Zwei Filmtitel der letzten Jahre?

....

7 Was für Filme?

....

8 Was für Themen?

....

Deutsche im Film

1 Film, in dem ein Deutscher die Hauptfigur ist

....

2 Rolle des Deutschen?

....

3 Rolle der Deutschen / häufig?

....

4 Typen? (angenehm – unangenehm, witzig – humorlos, streng – locker)

....

5 Beispiel?

....

6 Charakter?

....

7 Wirkung dieser Filme? (positiv – negativ)

....

....

4 **Tragen Sie Ihre Ergebnisse in der Klasse vor.**

Vergleichen Sie die Antworten der deutschsprachigen und der nicht deutschsprachigen Bekannten.

GRAMMATIK

Relativsätze; kausale, konzessive Konnektoren; indirekte Fragen

1 Relativsätze

ÜG S. 154 ff.

a Relativpronomen

	maskulin	feminin	neutral	Plural
Nominativ	der	die	das	die
Akkusativ	den	die	das	die
Dativ	dem	der	dem	denen
Genitiv	dessen	deren	dessen	deren

Zum Vergleich der bestimmte Artikel im Genitiv: m: *des*, f: *der*, n: *des*, Pl.: *der*; Dativ Pl.: *den*

b Verb + Präposition + Relativpronomen

Eine Ehre, von der viele Regisseure ein Leben lang träumen.
Tykwer ist der Regisseur des Films „Lola rennt", mit dem er international bekannt wurde.

c Relativpronomen beziehen sich auf einen ganzen Satz: *was, womit, worüber* usw.

Endlich war der Film fertig, worüber sie sich sehr freute.
Caroline Link erhielt für ihren Film einen Oscar, was sie sehr stolz machte.

d Relativpronomen beziehen sich auf die Pronomen *nichts, alles, etwas* usw.

Es gab nichts, was sie aus der Ruhe brachte.
Thematisch gibt es vieles, womit sich der in Berlin lebende Tom Tykwer befasst.

e Wortstellung

	Relativsatz			
Caroline Link,	die	1964 geboren	wurde,	wollte eigentlich Kamerafrau werden.
In diesem Film geht es um einen Jungen,	der	sich das Leben schöner	träumt.	

f Alternativen:

der Ort, in dem ich wohne ... = der Ort, wo ich wohne ...

2 Kausale und konzessive Konnektoren

ÜG S. 168/176

a Funktion

Gruppe	kausal = Grund	konzessiv = Einräumung
1. HS + HS (Konnektor auf Position 0)	denn	aber
2. HS + HS (Konnektor auf Position 1 oder 3)	deshalb – deswegen – daher – darum – aus diesem Grund	trotzdem – dennoch
3. HS + NS	weil – da	obwohl

HS = Hauptsatz; NS = Nebensatz

b Satzstruktur

1. *Mit Rath geht es bergab,*	denn	*Lola verliert bald das Interesse an ihm.*
2. *Er will die Sängerin zur Rede stellen.*	Aus diesem Grund	*geht er selber in das Lokal.*
3. *Er ärgert sich,*	weil	*seine Schüler in ein Nachtlokal gehen.*
4. **Obwohl** *Rath Lolas Welt suspekt findet,*		*verliebt er sich in die Sängerin.*

3 Indirekte Fragen

ÜG S. 142

	Fragewort		Endposition Verb
Keiner weiß,	was	aus dem Pianisten	geworden ist.
Jeder weiß,	wie	die Karriere der Dietrich weiter	verlaufen ist.
Sag mir,	wo	die Blumen	sind.

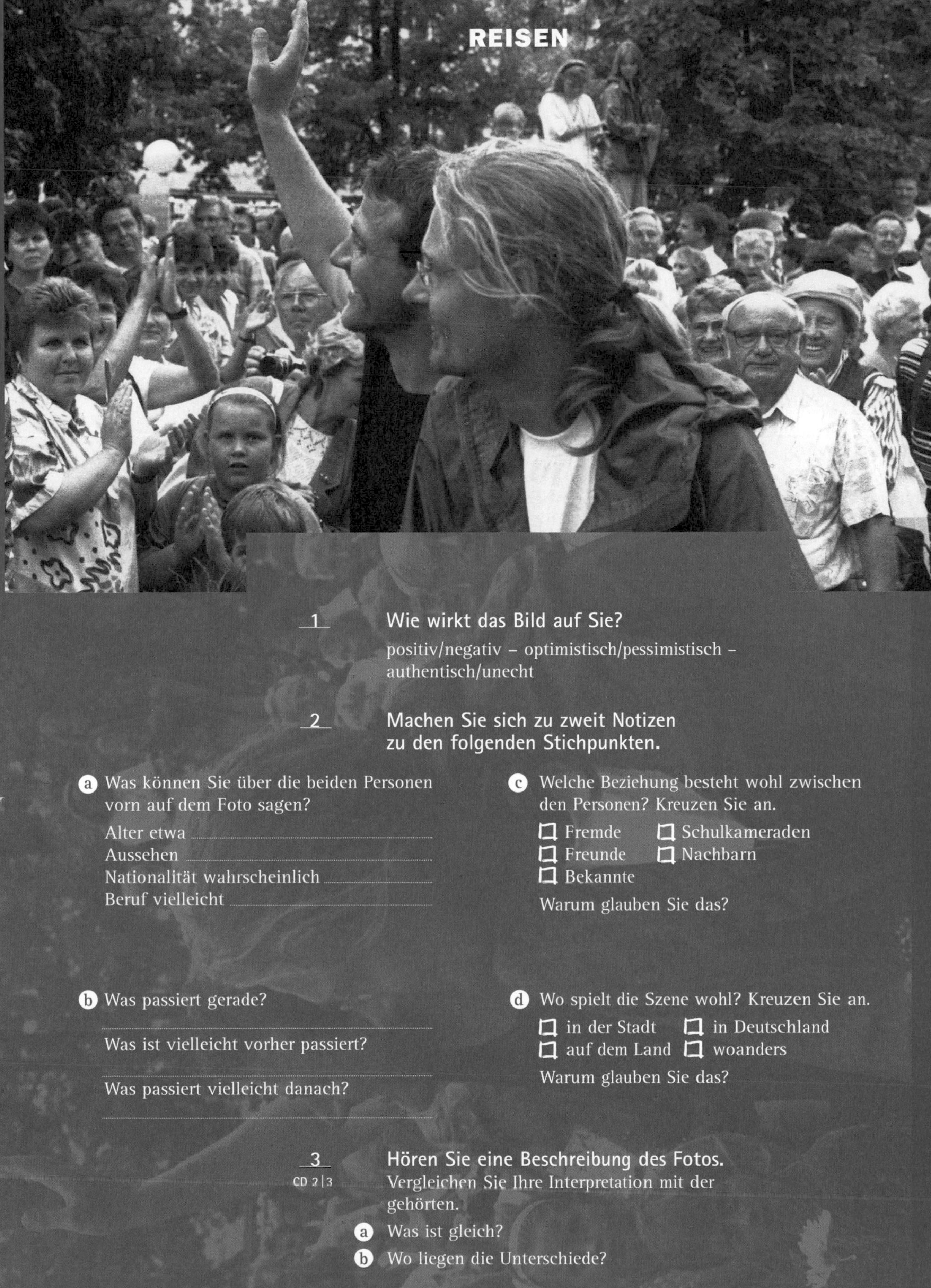

7

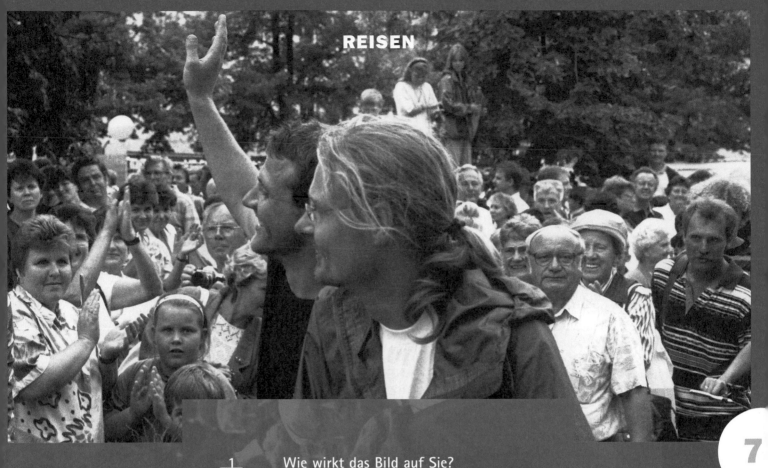

1 **Wie wirkt das Bild auf Sie?**

positiv/negativ – optimistisch/pessimistisch – authentisch/unecht

2 **Machen Sie sich zu zweit Notizen zu den folgenden Stichpunkten.**

a) Was können Sie über die beiden Personen vorn auf dem Foto sagen?

Alter etwa ....
Aussehen ....
Nationalität wahrscheinlich ....
Beruf vielleicht ....

b) Was passiert gerade?

....

Was ist vielleicht vorher passiert?

....

Was passiert vielleicht danach?

....

c) Welche Beziehung besteht wohl zwischen den Personen? Kreuzen Sie an.

- ☐ Fremde
- ☐ Schulkameraden
- ☐ Freunde
- ☐ Nachbarn
- ☐ Bekannte

Warum glauben Sie das?

d) Wo spielt die Szene wohl? Kreuzen Sie an.

- ☐ in der Stadt
- ☐ in Deutschland
- ☐ auf dem Land
- ☐ woanders

Warum glauben Sie das?

3 **Hören Sie eine Beschreibung des Fotos.**
CD 2|3

Vergleichen Sie Ihre Interpretation mit der gehörten.

a) Was ist gleich?

b) Wo liegen die Unterschiede?

LESEN 1

1 **Erste Orientierung vor dem Lesen**

a Was erwarten Sie nach dem Lesen der Überschrift?

b Aus was für einer Quelle stammt der Text wohl?

☐ aus einem Reiseführer ☐ aus einem Sachbuch
☐ aus einem Tagebuch ☐ aus einer Zeitung

2 **Lesen Sie den ganzen Text ohne Wörterbuch.**

DDR, BRD, Welt

Axel Brümmer und Peter Glöckner haben auf dem Fahrrad die Erde umrundet: fünf Jahre von Saalfeld nach Saalfeld

1

Am 29. Juni 1990 hatten der Erzieher Axel Brümmer, 23, und der Schlosser Peter Glöckner, 21, Saalfeld in Thüringen verlassen, um „mal alles anzugucken". Sie nahmen ihre Pässe, ein bisschen DDR-Geld, das drei Tage später als Währung aus der Welt verschwinden sollte, und stiegen auf ihre Räder, der noch bewachten, aber nicht mehr geschlossenen Westgrenze entgegen.

2

Viele der Menschen, die sie auf dem Saalfelder Marktplatz verabschiedeten, müssen gedacht haben, dass sie in ein, zwei Monaten wohl wieder da wären. Denn die Erde auf dem Fahrrad zu umrunden, aus einem Land der Unbeweglichkeit heraus, ohne Geld und ohne eine Fremdsprache zu beherrschen – wer würde daran nicht scheitern?

3

Doch sie kamen und kamen nicht wieder. Was kam, waren Reiseberichte und Fotos aus aller Herren Länder: Die Daheimgebliebenen konnten sie regelmäßig sonnabends auf einer ganzen Seite in der *Ostthüringer Zeitung* ausgebreitet finden. 61 Reportagen aus Südeuropa, Afrika, Arabien, Indien, Australien, Südamerika, Alaska, China, Kasachstan ... Fünf Jahre und einen Monat waren sie schließlich unterwegs, hatten fünfundsechzigmal neue Reifen aufgezogen, 60 500 Kilometer zurückgelegt und 52 bis 59 Länder durchquert. „Wie viele Länder es genau sind", sagt Axels Vater mit der Präzision des Ingenieurs, „hängt von der Zählweise ab. Einige Länder sind inzwischen mehr geworden, wie Jugoslawien oder die Sowjetunion, andere Länder sind weniger geworden, wie Deutschland."

4

Aus Saalfeld/DDR waren sie aufgebrochen, nach Saalfeld/BRD sollten sie zurückkehren. Die Stadt am Abend vor dem großen Tag: Was dem ortsunkundigen Westdeutschen vertraut vorkommt, wird ihnen, den beiden Heimkehrern, fremd sein. An jeder Ecke hängt ein Geldautomat, sieben Banken und dreizehn Reisebüros werben um Kunden. Statt greller Plasteautos dezente Mittelklassewagen.

5

Der 28. Juli: Schon im Nachbarort Bad Blankenburg haben sich mittags Freunde und Verwandte eingefunden, um sie die letzten Kilometer nach Hause zu geleiten. Da kommen sie! Zwei junge, schweißnasse, durchtrainierte Männer in kurzen Hosen, barfuß auf schwerbepackten Rädern. Axel und Peter, willkommen in der Bundesrepublik!

6

Reden werden gehalten, Geschenke überbracht. Der neue Bürgermeister verliest eine Postkarte, die Axel aus dem australischen Alice Springs nach Saalfeld schickte: „Wir sind nun fast ein Jahr unterwegs und haben viele Länder gesehen, doch Deutschland ist am schönsten und unser kleines thüringisches Städtchen, wonach ich Sehnsucht habe. Viel Elend gibt es in der Welt, und die Probleme in der Ex-DDR sind dagegen nichts. ... wir danken oft Gott für unsere Freiheit, das Größte neben Gesundheit, was ein Mensch hat! Wir denken oft zurück, wenn wir Abenteuer in Borneos Dschungel erleben oder die lange Straße von Adelaide nach Sydney radeln! Wir sind glücklich!" Die letzten Reiseberichte steuerten auf die Frage zu: *Wie sehr muss sich unsere Heimat verändert haben?*

7

Von Saalfeld haben sie am ersten Tag kaum etwas wahrgenommen. Alle zerrten an ihnen. Glückwünsche (*Toll, was ihr vollbracht habt!*), Autogrammwünsche (*Auf den Unterarm, bitte.*), Interviews mit den immer gleichen Fragen: *Wovon haben Sie gelebt?* Wir haben gearbeitet. *Als was?* Als Cowboys in Australien, als Schafzüchter in Neuseeland, als Holzfäller in Argentinien, als Kellner in Kalifornien. *Was wollen Sie jetzt machen?* Diavorträge halten, ein Buch schreiben.

8

Ob sie sich in der Heimat wieder zurechtfinden werden – das ist die Sorge der Eltern. Dass sich ihre Söhne in, je nach Zählweise, 52 bis 59 Ländern zurechtfanden, ist ja noch keine Garantie für das Überleben in Deutschland.

3 Verstehen der Hauptaussagen

In welchem Absatz wird das gesagt? Nicht alle Aussagen passen zu einem Absatz.

Absatz 1	Absatz 2	Absatz 3	Absatz 4	Absatz 5	Absatz 6	Absatz 7	Absatz 8
A							

A Zwei junge Männer starteten von der ehemaligen DDR aus mit Fahrrädern auf eine Weltreise.

B Die Planung der Reise war von der DDR aus sehr schwierig.

C Sie wurden gefragt, wie sie die Reise finanziert haben und welche Pläne sie für die Zukunft haben.

D Bei ihrer Rückkehr wurden sie von den Saalfelder Bürgern freudig empfangen.

E Viele ihrer Mitbürger waren vor der Reise skeptisch.

F Während ihrer Abwesenheit hat sich in der Welt viel verändert.

G Sie haben sich in der DDR wohler gefühlt als im wiedervereinigten Deutschland.

H Die Eltern haben Angst, dass ihre Söhne Probleme in ihrer alten „neuen" Heimat haben werden.

I Während ihrer Reise wurde die ehemalige DDR Teil der Bundesrepublik Deutschland.

J Die Reise hat ihnen eine neue Perspektive für die Probleme im eigenen Land gegeben.

7

4 Verstehen wichtiger Einzelheiten

a Sammeln Sie im Text Begriffe, die zu den folgenden drei Bereichen gehören, und ergänzen Sie die Tabelle.

DDR	BRD	Welt
Geld, Währung	Geldautomat	59 Länder

b Welche Veränderungen haben sich in der Heimat von Axel und Peter vollzogen?

c Wie sahen die beiden ihre Heimat während ihrer Reise?

5 Fassen Sie den Inhalt des Artikels in acht bis zehn Sätzen zusammen.

Arbeiten Sie zu zweit.

GR 6 Lokale Präpositionen

GR S. 92/1,2

Unterstreichen Sie im Lesetext lokale Präpositionen und ergänzen Sie die Beispiele im Kasten unten.

Präposition + Dativ						Präposition + Akkusativ	
Woher?		Wo?		Wohin?		Wohin?	
aus von	aus der Welt	in an auf bei	im Nachbarort	entgegen nach*	der Westgrenze entgegen	auf	

*ohne Artikel *nach Hause, nach Saalfeld, nach Australien*

AB 88 2–7

7

1 Spiel: Ich mache eine Reise.

1. Spieler/Spielerin: *Ich mache eine Reise nach A ... Afrika.*
2. Spieler/Spielerin: *Ich mache eine Reise nach Afrika mit einem Bett.*
3. Spieler/Spielerin: *Ich mache eine Reise nach Afrika mit einem Bett und einer CD usw.*

Wer ein Wort in der Reihe vergisst oder wem keines einfällt, der scheidet aus.

2 Verkehrsmittel – Übernachtung

Ordnen Sie die folgenden Wörter zu.

das Auto – das Boot – das Fahrrad – das Flugzeug – das Gästehaus – das Kreuzfahrtschiff – das Motel – das Motorrad – das Raumschiff – das Schiff – das Vier-Sterne-Hotel – das Wohnmobil – das Zelt – der Ballon – der Campingplatz – der Reisebus – der Kahn – der Luxusliner – der Wohnwagen – der Zeppelin – der Zug – die Bahn – die Eisenbahn – die Fähre – die Jugendherberge – die Pension – die Privatunterkunft – die S-Bahn – die Straßenbahn – die Tram – die U-Bahn

Verkehrsmittel				Übernachtung	
auf der Straße	zu Wasser	in der Luft	auf Schienen	preiswert	teuer
das Auto	das Boot	der Zeppelin	die Tram	die Jugendherberge	das Vier-Sterne-Hotel

AB 90 8

3 Definitionen

Ordnen Sie zu.

die Dienstreise – die Nostalgiereise – die Abenteuerreise – die Exkursion / der Ausflug – die Bildungsreise / die Studienreise – die Expedition

a ....
- Man will etwas erforschen.
- Man ist der Erste oder einer von wenigen, die dorthin reisen.
- Nicht zur Erholung gedacht.

b ....
- Man zahlt die Reise nicht privat.
- Die Reise bedeutet Arbeit.
- Man will einen bestimmten Auftrag ausführen.

c ....
- Das Ziel ist nicht sehr weit entfernt.
- Es dauert nicht sehr lange.
- Mit der Schulklasse macht man solche Reisen.

d ....
- Man sucht sich ein ungewöhnliches Ziel aus.
- Man möchte etwas Nichtalltägliches erleben.
- Bequemlichkeit spielt keine Rolle.

e ....
- Man reist wie in alten Zeiten.
- Man fährt zum Beispiel mit dem alten Orient-Express.
- Das Ziel ist weniger wichtig als die Art zu reisen.

f ....
- Man sieht sich viel im Land an.
- Man möchte möglichst viel über Land und Leute erfahren.
- Man möchte den eigenen Horizont erweitern.

AB 91 9

4 Wortbildung

Bilden Sie neue Verben mit *reisen* +Vorsilbe und erklären Sie die Bedeutung.

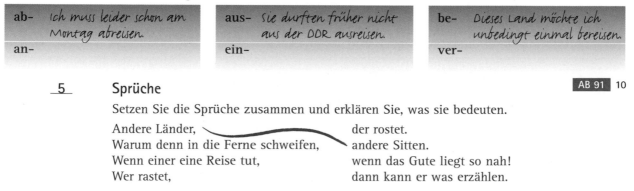

ab- Ich muss leider schon am Montag abreisen.	aus- Sie durften früher nicht aus der DDR ausreisen.	be- Dieses Land möchte ich unbedingt einmal bereisen.
an-	ein-	ver-

AB 91 10

5 Sprüche

Setzen Sie die Sprüche zusammen und erklären Sie, was sie bedeuten.

Andere Länder,	der rostet.
Warum denn in die Ferne schweifen,	andere Sitten.
Wenn einer eine Reise tut,	wenn das Gute liegt so nah!
Wer rastet,	dann kann er was erzählen.

1 Was für Arten von Reisen kennen Sie?

Beschreiben Sie Ihrer Lernpartnerin / Ihrem Lernpartner eine Reise, die Sie schon einmal gemacht haben, und ergänzen Sie Informationen zu Ihrer Reise im Kasten unten.

Verkehrsmittel	Ziele	Unterkunft + Essen	Programm	Reiseorganisation
Zug (InterRail-Ticket)*	europäische Städte	Jugendherberge	Sehenswürdigkeiten	individuell

* ein preiswertes Zugticket für junge Leute bis 25 Jahre, gilt einen Monat lang in ganz Europa

2 Hauptaussagen

CD 2 | 4–7

Hören Sie den Text und lösen Sie nach jedem Abschnitt die Aufgaben. Mehrere Lösungen sind möglich.

Abschnitt 1

a Wohin reist Frau Jürgens?

....

b Kreuzen Sie an, was im Reisepreis enthalten war.

- ☐ Anreise
- ☐ Essen
- ☐ Sport
- ☐ Exkursionen
- ☐ Unterkunft

Abschnitt 2

c Wohin reist Herr Hofstetter?

....

d Kreuzen Sie an, was für eine Mischung Herr Hofstetter liebt.

- ☐ Baden und Tauchen
- ☐ Baden und Unterhaltung
- ☐ Bildung und Erholung
- ☐ Abenteuer und Unterhaltung

Abschnitt 3

e Wohin reist Frau Meissner?

....

f Kreuzen Sie an, was für eine Art von Reise sie macht.

- ☐ Individualreise
- ☐ Clubreise
- ☐ Rucksacktour
- ☐ Rundreise
- ☐ Pauschalreise

Abschnitt 4

g Wohin reist Herr Baumann?

....

h Kreuzen Sie an, wie die Anreise normalerweise ist.

- ☐ mit dem Auto
- ☐ mit dem Autoreisezug
- ☐ mit Auto und Schiff
- ☐ mit dem Flugzeug

3 Genaues Hören

CD 2 | 4–7

Hören Sie den Text noch einmal. Notieren Sie kurz, welche Vor- und Nachteile in Bezug auf die vier Reisen genannt werden.

Personen	Vorteile	Nachteile
Frau Jürgens	alles inklusive	Man bekommt kaum etwas von Land und Leuten mit.
Herr Hofstetter		
Frau Meissner		
Herr Baumann		

AB 91 11

4 Welche der vier Reisen würde Ihnen am besten gefallen? Warum?

AB 92 12

SPRECHEN 1

7

1 **Deutsch auf Reisen**

Überlegen Sie zu zweit, wann Sie auf Reisen Deutsch gebraucht haben. Fällt Ihnen eine komische oder eine nicht ganz einfache Situation ein, die Sie erlebt haben?
Erzählen Sie eine interessante Geschichte, die Sie selbst erlebt haben. AB 93 13

2 **Wo spielen diese Situationen?**

Ordnen Sie zu.

Flughafen – Polizei – Hotel – Gepäckausgabe am Flughafen

1 Wegen eines Staus haben Sie Ihr Flugzeug verpasst. Sie wollen das nächste Flugzeug nehmen.
2 Sie warten vergeblich am Gepäckband auf Ihren Koffer. Sie wollen das Gepäck nachgeschickt haben.
3 Ihr Fahrrad, mit dem Sie an einem Ferienort Ausflüge gemacht haben, wurde gestohlen. Sie wollen Anzeige erstatten.
4 Sie müssen früher nach Hause als geplant. Sie wollen eine Nacht stornieren.

3 **Üben Sie den Dialog zu zweit ein.**

Polizist ▶◀ Touristin

Kann ich Ihnen helfen?

Ich möchte eine Anzeige machen.

Was ist (denn) passiert?

Mir wurde mein Fahrrad gestohlen.

Wann und wo war das?
Wie sah es aus?

Ich hatte das Rad vor dem Restaurant abgestellt.
Es war mit einem Sicherheitsschloss angekettet.
Das war heute Mittag, zwischen ein und drei Uhr.
Als ich um drei Uhr aus dem „Gasthof zur Post" kam, war das Rad weg.
...

Ich habe alles notiert.
Sie bekommen dann Bescheid von uns.

Bis wann etwa bekomme ich Bescheid von Ihnen?

4 **Wählen Sie zu zweit eine andere Situation.**

Notieren Sie: Was sagt der Reisende zu Absicht, Situation, Einzelheiten, Vereinbarung? Überlegen Sie auch, welche Fragen Ihr Gegenüber stellen wird.

5 **Urlaubstermine**

Sie wollen mit einem Freund einen einwöchigen Kurzurlaub machen. Sie rufen Ihren Freund an und versuchen, gemeinsam einen passenden Termin für diese Reise zu finden. Spielen Sie das Gespräch. Ihre Lernpartnerin / Ihr Lernpartner findet ihren/seinen Terminkalender im Arbeitsbuch. AB 93 14

Februar				März				April	
1. Woche	2. Woche	3. Woche	4. Woche	1. Woche	2. Woche	3. Woche	4. Woche	1. Woche	2. Woche
	Muttis Geburtstag		Theaterfestival		Beginn des Deutschkurses	Party bei Peter	Osterfest		zum Zahnarzt

LESEN 2

1 Reisen im Jahr 2020

Wohin wird man da wohl reisen? Mit welchen Verkehrsmitteln?

2 Lesen Sie nur Titel und Untertitel des folgenden Artikels aus einer Tageszeitung.

Was steht wohl in dem Artikel? Sammeln Sie vor dem Lesen Ideen in der Klasse. Lesen Sie danach den Text einmal ohne Wörterbuch.

Schwerkraft *inklusive*

URLAUB IM WELTRAUMHOTEL – IM JAHRE 2020 SOLL ES MÖGLICH SEIN

Barfuß durch die Sahara? Mit dem Schlauchboot über den Atlantik? Ohne Sauerstoff auf den Mount Everest? Alles Schnee von gestern. Das wahre Abenteuer beginnt in viel höheren Sphären, 400 Kilometer über der Erde. Wenn das All ruft, sind die Menschen nicht mehr zu halten. Diese Vision jedenfalls hegt Hartmut Müller, Geschäftsführer der Bremer Reiseagentur Space Tours. Schon in gut 20 Jahren sollen Touristen zu einem Trip in den Orbit starten. „Die Konstruktionspläne für das erste Weltraumhotel sind bis ins Detail erarbeitet. Die Hightech-Industrie wartet nur noch auf den Startschuss", sagte Müller bei einem Symposium in Bremen, an dem etwa hundert Fachleute teilnahmen. Die Technik ist also kein Problem. Und die Kosten? Schließlich ist Müller zu einer nicht unwichtigen Erkenntnis gelangt: „Der Weltraum als Pauschalabenteuer muss sich rechnen." Die Sache wird nicht billig; allein das in Bremen als Lichtbild vorgestellte Weltraumhotel dürfte rund 75 Millionen Euro kosten. Über mangelndes Interesse der Extremurlauber jedenfalls machen sich die „Himmelsstürmer" – unter ihnen NASA-Chefideologe Jesco von Puttkamer und Buzz Aldrin, der als zweiter Mensch nach Neil Armstrong auf dem Mond herumhüpfte – die geringsten Gedanken. Die Reiseveranstalter wollen herausgefunden haben, dass etwa 100 000 Menschen nur darauf warten, endlich am Schalter eines Weltraumflughafens einzuchecken. Und wenn die erste Pauschalreise ins All startet, so um das Jahr 2020, wird das Geschäft boomen. „Die Analysen der Marktforscher gehen von einem Potenzial von rund 20 Millionen Welttraumtouristen aus", sagte Hartmut Müller. Für Rucksacktouristen erscheint das Angebot aber nur bedingt geeignet. Der Preis für ein paar Tage Ferien in der Erdumlaufbahn dürfte bei 25 000 Euro liegen. Dafür wird einiges geboten: ein Sportzentrum mit Tenniscourts, Basketballfeldern und Schwimmbädern zum Beispiel. Und weil sich die kosmische Luxusherberge langsam um ihre Achse drehen soll, werden die Gäste nicht einmal auf die Schwerkraft verzichten müssen.

7

3 Hauptaussagen

Setzen Sie zuerst die Satzteile richtig zusammen. Ordnen Sie danach die Sätze zu einer Textzusammenfassung.

- ☐ Allerdings werden sich nur wenige
- ☑ 1 Der Reiseunternehmer Hartmut Müller glaubt,
- ☐ Er rechnet damit,
- ☐ Es gibt bereits Pläne
- ☐ Es wird ein großes Angebot an
- ☐ Die Reiseveranstalter sind auch sicher,
- ☐ Müller zeigte bereits ein Dia

- ■ für ein Weltraumhotel.
- ■ dass die ersten Touristen im Jahr 2020 Urlaub im All machen können.
- ■ dass schon in naher Zukunft Reisen in den Weltraum möglich sein werden.
- ■ Sport- und Freizeitmöglichkeiten geben.
- ■ die teuren Reisen leisten können.
- ■ dass es eine große Nachfrage nach Reisen in den Weltraum gibt.
- ■ von dem geplanten Hotel.

AB 93 15

4 Wortfelder

Suchen Sie alle Wörter aus dem Text, die zu den folgenden drei Themen gehören.

Reisen	Weltraum	Wirtschaft
	Orbit Schwerkraft	

1 **In einer deutschen Tageszeitung lesen Sie den folgenden Artikel.**

a Worüber informiert dieser Artikel?

b Wo erhalten Sie weitere Informationen?

Urlaub ab 2015

Spätestens im Jahr 2025, vielleicht auch schon 2015, sollen die ersten Weltraumtouristen „Urlaub im All" verbringen. Das Erlebnis-Programm „Events" von TUI* informiert darüber. Ein Eurospace-Programm gibt's bereits jetzt zu buchen – in den belgischen Ardennen. – Info im TUI-Reisebüro

*Touristik Union: Reiseveranstalter

2 **Anfrage**

Sie möchten unbedingt unter den ersten Touristen im All sein und wollen sich daher rechtzeitig über alles informieren.
Überlegen Sie, welche Informationen Sie für die Planung Ihrer Reise brauchen, und formulieren Sie zu jedem Punkt mindestens eine Frage:

- Dauer der Reise
- Art der Unterkunft
- Gesundheitliche Voraussetzungen für die Teilnahme
- Preise
- Buchungsformalitäten

7

3 **Formeller Brief**

Schreiben Sie nun an ein Reisebüro mit folgender Adresse:
Adolf-Weber-Ring 10, 70334 Stuttgart

- Erklären Sie, warum Sie schreiben.
- Erkundigen Sie sich nach den oben genannten Aspekten.
- Fordern Sie weiteres Informationsmaterial an.
- Überprüfen Sie am Ende, ob Sie Betreff, Anrede, Gruß sowie alle Inhaltspunkte berücksichtigt haben.

4 **Textpuzzle**

Vergleichen Sie Ihre Anfrage mit dem Schreiben unten. Setzen Sie dazu vorher die durcheinandergeratenen Stücke unten richtig zusammen.

1	Sehr geehrte Damen und Herren, aus der Zeitung habe ich von der Möglichkeit
	Ich bitte Sie,
	Ich nehme an, dass ich darin Informationen
	Für meine Terminplanung müsste ich bereits jetzt wissen,
	Außerdem brauche ich Informationen darüber, ob eine Gemeinschaftsunterkunft für Touristen geplant ist
	Falls Ersteres der Fall ist,
	Da ich Diabetiker bin, ist für mich außerdem wichtig zu wissen,

	oder ob es individuelle Zimmer gibt.
	kommt die Reise für mich nicht infrage.
	über Termine, Reisedauer und Preise sowie Buchungsformalitäten finde.
	mir das Erlebnis-Programm „Events" an die oben angegebene Adresse zu schicken.
	wie lange die Weltraumreise dauern soll.
	eines Weltraumurlaubs erfahren.
	ob es bestimmte gesundheitliche Voraussetzungen für die Teilnahme gibt.
15	Vielen Dank für Ihre Bemühungen. Mit freundlichen Grüßen

AB 94 16

SPRECHEN 2 – *Projekt: Eine außergewöhnliche Reise*

NIL
Michael Martin
Abenteuer und Mythos Afrika

1 Sehen Sie sich das Plakat an.

(a) Wofür wird hier Werbung gemacht?

(b) Was erkennen Sie auf dem Bild?

2 Außergewöhnliche Reisen

(a) Wenn Sie eine außergewöhnliche Reise machen könnten – was für eine Art Reise wäre das?

(b) Was für Reisen sind bei Ihren Landsleuten zurzeit beliebt? Warum?

3 Vorbereitung eines Vortrags

(a) Klären Sie in kleinen Gruppen folgende Fragen über eine außergewöhnliche Reise in Ihrer Heimat und machen Sie sich dazu Notizen.

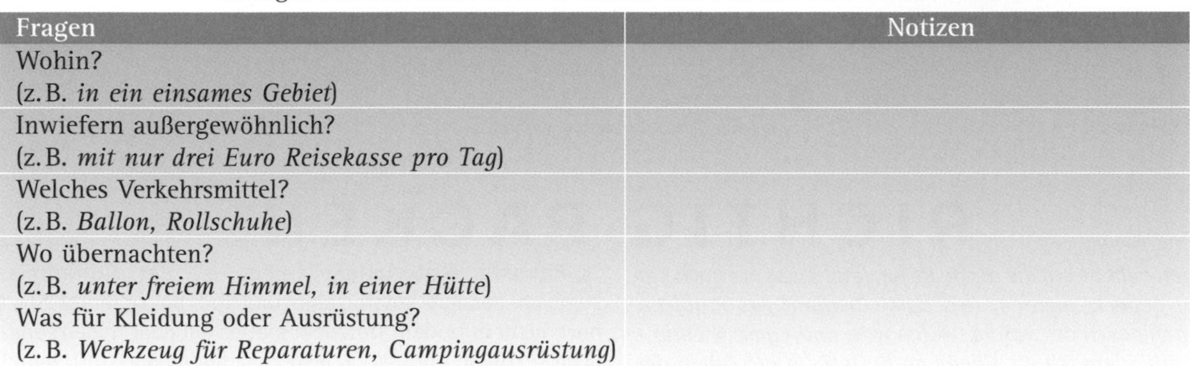

Fragen	Notizen
Wohin? (z.B. *in ein einsames Gebiet*)	
Inwiefern außergewöhnlich? (z.B. *mit nur drei Euro Reisekasse pro Tag*)	
Welches Verkehrsmittel? (z.B. *Ballon, Rollschuhe*)	
Wo übernachten? (z.B. *unter freiem Himmel, in einer Hütte*)	
Was für Kleidung oder Ausrüstung? (z.B. *Werkzeug für Reparaturen, Campingausrüstung*)	

(b) Sammeln Sie aus Büchern, Zeitschriften oder anderem Material große Fotos von dem Reiseziel, das Sie in der Klasse präsentieren wollen.

4 Typische Merkmale eines Vortrags

Lesen Sie die folgenden Redemittel und wählen Sie passende Ausdrücke.

Anrede	***Sehr geehrte Damen und Herren, Liebe Freunde,***
Einleitung	***Wir möchten Ihnen/euch heute eine ganz besondere Reise vorstellen. Das Besondere an dieser Reise ist: …***
Hauptteil	***Wir möchten Ihnen/euch die Reise kurz vorstellen. Wir werden von hier aus zuerst mit dem Flugzeug/Zug/Bus/Auto nach … Wir haben Ihnen/euch einige Bilder mitgebracht. Hier / Auf diesem Bild / Auf dem ersten Foto sehen Sie / seht ihr … Jetzt noch einige Worte zu Unterkunft und Ausrüstung. Übernachten werden wir … Folgende Ausrüstung ist erforderlich: …***
Schluss	***Wir hoffen nun, dass Sie/ihr Lust bekommen haben/habt, diese Reise zu machen. Wir hoffen, unser Reisevorschlag hat Ihnen/euch gefallen.***
Dank	***Wir danken Ihnen/euch für Ihre/eure Aufmerksamkeit. Vielen Dank fürs Zuhören. Vielen Dank. Haben Sie / Habt ihr noch Fragen?***

5 Stellen Sie Ihre Reise in der Klasse vor.

LESEN 3

abenteuer und reisen
ALPENSOMMER
Traumrouten. Im Cabrio. Mit Mountainbike
Indiens Süden
Hongkong
Griechenland

1 **Was finden die Leser wohl in dieser Zeitschrift?**

- ☐ Reiseangebote mit Daten und Preisen
- ☐ Beschreibungen von interessanten Reisezielen

2 **Lesen Sie nur die Überschriften der beiden folgenden Texte.**

a Worum geht es?

b Was wissen Sie bereits über das Thema?

Rollen statt falten

Tricks beim Kofferpacken:

1. Legen Sie schwere Sachen (Schuhe, Jeans etc.) immer nach unten, Empfindliches, das leicht Falten bekommt, nach oben.
2. Lücken mit Strümpfen oder Unterwäsche füllen.
3. Packen Sie Ihre Reisegarderobe in dünne Plastikhüllen, dann verknittert sie nicht so leicht.
4. Stricksachen am besten zusammenrollen.
5. Schreiben Sie sich vor dem Packen auf, was Sie alles mitnehmen wollen.
6. Wählen Sie die richtige Gepäckgröße für die Reise. Neu auf dem Markt und praktisch: Koffer mit integriertem Kleidersack, den man aber auch abtrennen kann.

7

RICHTIG PACKEN

Morgen geht es auf die große Reise. Jetzt muss nur noch der Koffer gepackt werden, und damit beginnt das Problem: Was nehme ich mit, wohin tue ich was, und – ganz wichtig – wie verhindere ich ein Chaos im Koffer? Da die Zeiten der großen Schrankkoffer längst vergangen sind, einige Tipps, die Ihnen beim Packen helfen:

1 **Checkliste:** Die nervtötende Frage: „Habe ich auch wirklich alles eingepackt?“ löst man mit einer Liste, die man vor der Abreise anlegt.

2 **Koffergröße und Gepäckzahl:** Ein großer Koffer ist weitaus schwerer über den Flughafen zu schleppen (noch dazu, wenn er keine Räder hat) als zwei mittelgroße, auf die das Gewicht gleichmäßig verteilt ist.

3 **Reduzieren und kombinieren:** Eine auf wenige Farben abgestimmte Grundgarderobe muss nicht langweilig aussehen, wenn man die einzelnen Teile miteinander kombiniert. Damit lässt sich erheblich Gewicht sparen.

4 **Der Anlass bestimmt das Gepäck:** Stimmen Sie Ihre Kleider auf die Art Ihres Urlaubs ab. Wer nur baden oder faul am Strand liegen will, braucht nicht mehr als Badesachen und Freizeitkleidung.

5 **Robuste Materialien:** Leider ist der faltenfreie, zugleich absolut komfortable und gut aussehende Stoff noch nicht erfunden. Trotzdem gibt es ein paar reisefreundliche Textilien: Cool Wool, also ganz feiner Wollstoff, hängt sich beispielsweise schnell wieder aus. Gestrickte Baumwolle, gemischt mit Kunstfasern, überlebt Packen ebenfalls fast knautschfrei.

6 **Schichten nach Gewicht:** Profis platzieren schwere Sachen wie Schuhe, Toilettenbeutel und Bücher auf den Boden des Koffers. Auf die Hosen kommen die Hemden und Sakkos. Dazwischen legt man Handtücher, T-Shirts oder Pullis.

7 **Extraschutz für Flüssiges:** Alles, was auslaufen kann, sollte nochmals in eine Plastiktüte gesteckt werden; ebenso Kulturbeutel und Arzneien. Packen Sie diese Tüte auf keinen Fall zwischen die Kleidung, sondern besser an den Rand des Koffers.

8 **Socken sind zum Stopfen da:** Socken, Krawatten und Unterwäsche eignen sich – eng zusammengerollt – bestens, um Zwischenräume auszufüllen. In Schuhe oder in den steifen Hemdkragen gestopft, halten sie zugleich Schuhwerk oder Kragen in Form.

3 **Vergleichen Sie nun die beiden Texte.**

Welche Ratschläge aus dem ersten Text finden Sie genau so oder ähnlich im längeren zweiten Text wieder?

Text 1	1	2	3	4	5	6
Text 2					1	

4 **Welche Ratschläge waren für Sie neu?**

Haben Sie eigene Tricks beim Packen?

AB 94 17

GR 5 Wie sind die Tipps in den beiden Texten formuliert?

GR S. 92/4

Ergänzen Sie je ein Beispiel in jeder Spalte.

	als Imperativ	als Infinitiv	als unpersönlicher Ausdruck – *man, wer*
Text 1	Legen Sie schwere Sachen nach unten. ...	Lücken mit Strümpfen oder Unterwäsche füllen.	Koffer mit integriertem Kleidersack, den man aber auch abtrennen kann.
Text 2			

GR 6 Variation

Geben Sie weitere Tipps mit verschiedenen Formulierungen.
Beispiel: *Besser zwei mittelgroße als einen großen Koffer mitnehmen.*

Imperativ, *Du*-Form	*Nimm besser zwei mittelgroße als einen großen Koffer mit.*
Imperativ, *Ihr*-Form	*Nehmt besser zwei mittelgroße als einen großen Koffer mit.*
unpersönlich	*Man nimmt besser zwei mittelgroße als einen großen Koffer mit.*
als Empfehlung	*Sie sollten besser zwei mittelgroße als einen großen Koffer mitnehmen.*

- a Das Gepäck durch die richtige Auswahl reduzieren.
- b Eine auf wenige Farben abgestimmte Garderobe einpacken.
- c Reisefreundliche Textilien auswählen.
- d Socken und Unterwäsche in die Zwischenräume stopfen.

AB 95 18–21

7

GR 7 Regeln zum Imperativ

Sehen Sie sich die Tabelle auf S. 92/4 an und ergänzen Sie die Regeln unten.

- a Der Imperativ hat in der formellen Anrede (= *Sie*-Form) die gleiche Endung wie der .... : *-en + Sie.*
- b Der Imperativ hat in der informellen Anrede zwei Formen, eine im Singular und eine im ....
- c In den .... Formen des Imperativs entfällt das Personalpronomen.
- d Im Singular (= *Du*-Form) hat er normalerweise .... Endung. (In älteren Texten gibt es noch die Endung *-e.*)
- e Endet der Verbstamm auf *d* oder *t*, endet die *Du*-Form auf ....
- f Die *Ihr*-Form entspricht der Form im ....
- g Bei Verben mit Vokalwechsel von *e* nach *i* richtet sich der Imperativ in der *Du*-Form nach .... (*du nimmst – nimm; du isst – iss; du liest – lies; du vergisst – vergiss*).
  Aber: Keine Umlaute im Imperativ: *du fährst – fahr*

8 Was stellen Sie sich unter einem Kulturbeutel vor?

- a Was gehört Ihrer Meinung nach da hinein?
- b Ordnen Sie zu: Welche Gegenstände passen eher zu Herren, welche zu Damen und welche zu beiden?

das Aftershave – das Deo-Spray – das Haarshampoo – das Haarspray – das Make-up – der Deo-Roller – der Föhn – der Kamm – das Parfüm – der Rasierapparat – der Rasierschaum – die Handcreme – die Lockenwickler – die Rasierklinge – die Reinigungsmilch – die Seife – die Zahnbürste – die Zahnpasta

Herren	Damen	beide
das Aftershave	das Make-up	das Haarshampoo

GR 9 Hinein – heraus

GR S. 92/3

Geben Sie Ihrer Lernpartnerin / Ihrem Lernpartner Anweisungen.

Verb	Beispiel
hineinlegen/reinlegen/reintun	Leg den/die/das ... *bitte hinein.*
hineinstellen/reinstellen	.... *sollte man am besten reinstellen, damit es nicht ausläuft.*
herausnehmen/rausnehmen	*Falls nicht genug Platz ist, kannst du ... ruhig wieder rausnehmen.*

AB 96 22

7

1 Lokale Präpositionen

ÜG S. 64

ⓐ Präpositionen + Dativ bzw. Akkusativ

Präposition + Dativ		Präposition + Akkusativ	*Sie fuhren ...*
ab	*Du kannst direkt ab Berlin fliegen.*	bis	*bis Berlin.*
aus	*Menschen aus aller Welt*	bis an	*bis an die Grenze.*
aus ... heraus	*Sie wollten aus diesem Land (he)raus.*	durch	*durch die Welt.*
bei	*Ich war bei (meinen) Freunden / bei meiner Firma / bei Krupp / beim Fußballspiel.*	entlang**	*die Straße entlang.*
entgegen**	*Sie radelten der Westgrenze entgegen.*	gegen	*gegen einen Baum.*
entlang	*Entlang dem Weg stehen hübsche Häuser.*		
gegenüber*	*Sie hielten gegenüber der Kirche.*	um	*um einen Baum.*
von	*Sie kamen von der Reise / vom Büro.*	um ... herum	*um den Wald herum.*
von ... aus	*Sie fuhren von der DDR aus um die Welt.*		
zu	*Ich fahre zum Marktplatz / zu meiner Firma.*		
nach***	*Sie kehrten nach Saalfeld zurück.*		

*manchmal nachgestellt **immer nachgestellt ***ohne Artikel: nach Saalfeld, nach Australien

ⓑ Besonderheiten

in – nach		aus – von	
Ich fahre in die Bundesrepublik. Ich reise in die Schweiz.	*Ich fahre nach Deutschland. Ich reise nach Zürich.*	*Die Menschen kamen aus aller Herren Ländern.*	*Ich komme von einer langen Reise.*

2 Wechselpräpositionen

ÜG S. 66

Wo? + Dativ	Präposition	Wohin? + Akkusativ
in der Bundesrepublik	in – an – auf	*in die Bundesrepublik*
unter der Erde	über – unter	*unter die Erde*
hinter der Grenze	vor – hinter	*hinter die Grenze*
zwischen den Fronten	neben – zwischen	*zwischen die Fronten*

3 Lokale Adverbien – *Wohin?*

ÜG S. 60

hinein – rein*	*Ich stelle das Parfüm aufrecht in den Kulturbeutel hinein (rein).*
heraus – raus*	*Das Haarspray nehme ich wieder heraus (raus).*

*Kurzformen *rein, raus* nur in der gesprochenen Sprache

4 Imperativ

ÜG S. 138

informell		formell
2. Person Singular = *Du*-Form	2. Person Plural = *Ihr*-Form	3. Person Singular/Plural = *Sie*-Form
Fahr doch mal nach Köln.	Fahrt doch mal nach Köln.	Fahren Sie doch mal nach Köln.
Sprich bitte etwas lauter.	Sprecht bitte etwas lauter.	Sprechen Sie bitte etwas lauter.
Nimm doch diesen Koffer mit.	Nehmt doch diesen Koffer mit.	Nehmen Sie doch diesen Koffer mit.
Antworte mir bitte bald.	Antwortet mir bitte bald.	Antworten Sie mir bitte bald.

MUSIK

8

Sehen Sie das Foto an.

ⓐ Welches Instrument spielt Daniel K.?

ⓑ Was für eine Art von Musik macht er vermutlich damit?

ⓒ Zu welchen Gelegenheiten spielt er dieses Instrument wohl?

Das ist ein/e …
Dieses Instrument nennt man …
Er wird wohl … darauf spielen.
Das Instrument eignet sich für …
Auf diesem Instrument spielt man meist …

HÖREN

1 CD 2|8

Hören Sie zunächst einige Takte Musik.

ⓐ Wie klingen das Instrument und das Stück für Sie?

angenehm – hoch – leise – voll – harmonisch – klassisch – melodisch – laut – unangenehm – modern – unharmonisch – tief – dünn

ⓑ Was würden Sie über den Interpreten dieses Musikstücks gern wissen?

2

Hören Sie nun ein Interview mit dem Musiker Daniel K.

Lesen Sie zunächst jeweils die Aufgaben zu jedem Abschnitt und hören Sie dann den Abschnitt.

Abschnitt 1 CD 2|9

ⓐ Wo begann Daniel mit dem Tubaspielen?

ⓑ Als Austauschschüler in den USA war er hauptsächlich mit ... beschäftigt.

- ☐ Mathematikunterricht
- ☐ Englischlernen
- ☐ Musikmachen

8

Abschnitt 2 CD 2|10

ⓒ Welche Instrumente hat Daniel schon gespielt?

☐ Blockflöte	☐ Geige
☐ Klavier	☐ Schlagzeug
☐ Tenorhorn	☐ Tuba
☐ Akkordeon	☐ Gitarre

ⓓ Nennen Sie mindestens zwei Musikstile, die er mit der Tuba spielt bzw. spielen möchte.

1. .... 2. ....

ⓔ Er möchte möglichst verschiedene Musikstile spielen, weil

- ☐ es ihm Spaß macht.
- ☐ er damit Geld verdienen kann.
- ☐ man von einem Musikstil für einen anderen profitieren kann.

Abschnitt 3 CD 2|11

ⓕ An einem Konservatorium kann nur studieren, wer

- ☐ viel Geld für das Studium bezahlen kann.
- ☐ einen Professor des Konservatoriums kennt.
- ☐ eine Aufnahmeprüfung besteht.

Abschnitt 4 CD 2|12

ⓖ Als Tubist kann man später leichter als andere Musiker einen Platz in einem Orchester finden, weil ....

ⓗ Möglichkeiten, Geld zu verdienen, sind zum Beispiel ....

ⓘ Wichtig für die berufliche Zukunft als Musiker sind Praxiserfahrung und ....

3

Mündliche Zusammenfassung

Fassen Sie mithilfe Ihrer Antworten auf die Fragen ⓐ bis ⓘ zusammen, was Sie über Daniel K. erfahren haben.

WORTSCHATZ – *Musik*

1 Musikinstrumente

a Spielen Sie ein Instrument? Wenn ja, welches? Wenn nein, welches Instrument würden Sie gern spielen?

b Suchen Sie Namen von Instrumenten mithilfe des Silbenrätsels und ordnen Sie sie den Überbegriffen zu.

~~Gei~~ – Saxo – pete – ~~ge~~ – Quer – Cel – Kla – Schlag – Dudel – Trom – Akkor – Har – Gi – Kontra – fon – Tu – Pau – Klari – fe – nette – tarre – deon – lo – ke – vier – ba – sack – flöte – bass – zeug

Saiteninstrumente	Geige
Blasinstrumente	
Schlaginstrumente	
Tasteninstrumente	

AB 100 2–3

2 Geräte zum Musikhören

Woraus besteht eine Stereoanlage normalerweise? Ordnen Sie die Begriffe zu.

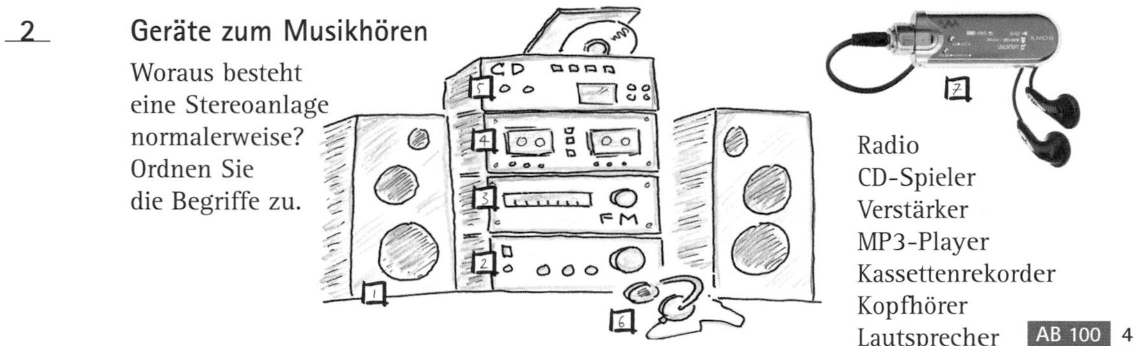

Radio
CD-Spieler
Verstärker
MP3-Player
Kassettenrekorder
Kopfhörer
Lautsprecher

AB 100 4

3 Rhythmen und Musikstile

a Finden Sie zu folgenden Definitionen die passenden Musikstile.

Definition	Musikstil/ Rhythmus
Eine Musikrichtung, die in den 50er- und 60er-Jahren zunächst in Amerika, dann in Europa populär wurde. Sehr gut tanzbar!	Rock'n'Roll
Musik und Tanz aus Argentinien; wird oft mit einem Akkordeon gespielt.	
Dazu kann man wunderbar im Dreivierteltakt tanzen und sich dabei drehen. Diese Musik stammt aus Wien.	
Bei dieser Musikrichtung wird oft frei improvisiert; ursprünglich kommt sie aus dem „schwarzen Amerika".	
Eine Art Sprechgesang zu rhythmischer Musik, bei dem die unterschiedlichsten Probleme junger Menschen thematisiert werden. Ursprünglich aus den USA, ist aber inzwischen in vielen Ländern und Sprachen verbreitet.	
Junge Leute tanzen darauf häufig in Discotheken; der hammerartige Rhythmus lässt den Puls schneller schlagen.	

b Beschreiben Sie einen Musikstil, der Ihnen persönlich gut gefällt. Lesen Sie Ihre Definition in der Klasse vor und lassen Sie die anderen raten, um welchen Stil es sich handelt. Sie können auch ein Hörbeispiel dazu präsentieren.

LESEN 1

1 CD 2 | 13

Hören Sie einen Auszug aus einer Oper.

a Versuchen Sie zu beschreiben, wie diese Musik auf Sie wirkt.

b Aus welcher Zeit könnte die Musik stammen?

c Wer könnte der Komponist sein?

2

Lesen Sie einen Auszug aus der Biografie eines berühmten Musikers und Komponisten.

Um welche historische Figur handelt es sich hier?
Drei Informationen aus der Textpassage helfen Ihnen bei der Beantwortung der Frage. Welche sind das?

a Wiener Rauhensteingasse Nummer sieben

b ……………………………………

c ……………………………………

Ich stelle mir die Wohnung vor, wie sie damals ausgesehen haben mag, in der Wiener Rauhensteingasse Nummer sieben. An der Ecke Himmelpfortgasse in der ersten Etage. Vom Musikzimmer kann man auf beide Gassen hinaussehen. Dort, stelle ich mir vor, sitzt er an einem Spätsommerabend des Jahres 1791 in einem abgewetzten Sessel gegenüber seinem Flügel. Er hat den Kopf aufgestützt. Auf dem Flügel stehen einige geleerte Weingläser. Es waren Gäste da. Fröhliche Gäste. Drei Stunden lang hat das Zimmer geklungen, war es angefüllt mit den Melodien der neuen Oper, die so gut wie fertig ist und „Die Zauberflöte" heißen wird. Nun ist es still in dem großen, fast leer wirkenden Zimmer.

8

3

Lesen Sie den Text weiter.

Bearbeiten Sie anschließend die folgenden Aufgaben.

Er ist müde. Er ist oft müde jetzt. Trotzdem verspürt er ein seltsames Wachsein. Wie wenn man zu lange über den Schlaf hinweg ist. Da kann es geschehen, dass selbst die vertrauten Dinge ringsum mit einem Mal ein fremdes Gesicht bekommen. Ein Stuhl ist plötzlich nicht mehr nur ein Stuhl. Ein Bild an der Wand plötzlich nicht mehr nur ein Bild an der Wand. Es ist, als ob die Dinge lebten. Und so steigt unmerklich eine Traumwelt vor ihm herauf. Eine Welt aus Erinnerungen und Vergangenheit. Seine Kindheit. Seine Jugend. Die Jahre danach. Die allzu schweren Jahre. Ganz am Anfang steht der Knabe, den sie Wolferl riefen und Bub. Und manche hießen ihn auch ein kleines Wundertier. In Salzburg, in Wien und in immer ferneren Städten.

1764

Eine Reisekutsche rumpelt von Salzburg her über die Landstraßen Westeuropas. Tief graben die Räder ihre Spur in den Sand. Meile um Meile. Von Schlagbaum zu Schlagbaum. Wenn die Kutsche über einen Stein holpert, klingt es vom Dach wie Saitenspiel. Dann blicken die Zöllner verwundert zu dem oben befestigten transportablen Klavier hinauf. So etwas hatten sie zuvor noch nie gesehen.

Der Salzburger Vizekapellmeister Leopold Mozart ist mit seiner Familie unterwegs, der Welt seinen Sohn zu präsentieren. „Wie, Sie haben noch nichts von Mozart gehört? Da ist Ihnen etwas entgangen. Ein Winzling. Die Finger können fast keine Quinte greifen. Dennoch beherrscht er das Klavier wie kaum einer. Und spielt Violine. Improvisiert auf der Orgel, dass man's für Zauberei halten möchte. Selbst die Kaiserin in Wien hat er verzaubert. Nach einem Konzert im Schloss Schönbrunn soll sie ihm einen Diamantring geschenkt haben, so schwer, dass es ihm die Hand zum Boden zieht."

So wird geredet in den Salons von München und Mannheim, von Brüssel und Paris, am Hof Ludwigs XV. in Versailles. Doch die Reise geht weiter. Nordwärts. Dem Kanal, London entgegen. Aber der junge Mozart fühlt sich nirgendwo so wohl wie zu Hause in Salzburg oder in Wien.

a Die Jahreszahlen 1791 und 1764 werden im Text genannt.
Zu welchen Phasen im Leben Mozarts gehören sie? Vergleichen Sie dazu die biografischen Daten.

Mozart-Biografie

1756	Am 27. Januar in Salzburg geboren
1761	Erste Kompositionen
1763–66	Konzerttournee mit den Eltern durch Westeuropa
1769–73	Reisen durch Italien; erste Opern
1773	Erstes Klavierkonzert
1781	Heirat mit Constanze Weber
1782	Singspiel „Die Entführung aus dem Serail“
1783–86	Messe in c-Moll, sechs Streichquartette, Linzer Sinfonie, Prager Sinfonie, Oper „Figaros Hochzeit“
1787	„Eine kleine Nachtmusik“, Oper „Don Giovanni“
1788	Sinfonien Es-Dur, g-Moll und C-Dur („Jupiter-Sinfonie“), Oper „Così fan tutte“
1791	Oper „Die Zauberflöte“

b Was wird im Text auf Seite 96 in den Zeilen 15 bis 37 beschrieben?
- ☐ Wie Mozart nach zu viel Alkoholgenuss plötzlich fremde Gesichter sieht.
- ☐ Wie Mozart von seinen Kindern erzählt.
- ☐ Wie Mozart nicht lange vor seinem Tod Bilder aus seiner Vergangenheit vor sich sieht.

c Wie wurde Mozart als Kind genannt?

4 Was erfährt man über Mozart als Kind im Text auf Seite 96?

a Wie und wohin ist Mozart gereist?

b Wie wird sein musikalisches Talent beschrieben?

GR 5 Negationen

GR S. 104/1

Unterstreichen Sie alle Negationen im Text.

a Welches Adverb drückt das Gegenteil aus?

b Notieren Sie jeweils die passende Negation.

überall, irgendwo, wo	nirgendwo
etwas, irgendetwas	
immer, einmal	
jemand	
jeder, jede, jedes	

AB 101 5–7

c Wie kann man auch sagen?
In Zeile 59/60 heißt es: „Dennoch beherrscht er das Klavier wie *kaum einer.*“ Das bedeutet:
- ☐ Dennoch beherrscht er das Klavier wie kein anderer.
- ☐ Dennoch beherrscht er das Klavier wie manch einer.
- ☐ Dennoch beherrscht er das Klavier wie fast keiner.

1 **Fragen an Julia**

Was würden Sie ein elfjähriges Mädchen fragen, das gerade einen internationalen Geigenwettbewerb gewonnen hat? Notieren Sie Ihre Fragen.

2 **Lesen Sie das Interview mit Julia Fischer.**

Welche Ihrer Fragen werden in dem Interview beantwortet?

Im Sommer wird Julia Fischer zwölf Jahre alt. Nach mehreren anderen Auszeichnungen erhielt die Studentin der Münchner Musikhochschule den ersten Preis des renommierten Yehudi-Menuhin-Wettbewerbs[1].

Süddeutsche Zeitung (SZ): *Seit wann studierst du an der Musikhochschule?*

Julia Fischer: Das sind jetzt fast drei Jahre. Zuvor hatte ich zwei Jahre in Augsburg Unterricht und davor auch schon vier Jahre Unterricht. Ich erinnere mich gut daran, wie ich einen Tag nach meinem neunten Geburtstag in die Hochschule pilgerte, um einer Jury vorzuspielen: ein Stück von Bach, eines aus dem 20. Jahrhundert, einen Satz aus einem Konzert und eine Tonleiter.

SZ: *Dann hast du als Dreijährige damit angefangen, Geigenunterricht zu nehmen?*

J.F.: Ja, meine Mutter fragte mich damals, ob ich Geige lernen wollte, und ich wollte. Ich war auch oft dabei, wenn sie Klavier unterrichtete, und dann wollte ich natürlich auch Klavier lernen.

SZ: *Wie sieht denn die erste Geigenstunde für eine Dreijährige aus?*

J.F.: Ich hatte zunächst keine richtige Geige in der Hand, sondern eine aus einer Zigarrenkiste, einem Lineal und einem Radiergummi. Die konnte dann auch mal auf den Boden knallen. Einen Monat später habe ich dann allerdings auf einer Kindergeige schon Kinderlieder gespielt.

SZ: *Wann kamst du dann darauf, professionelle Musikerin zu werden?*

J.F.: Das kam sehr früh – eigentlich war es für mich von Anfang an klar. Schon mit sieben habe ich mindestens eineinhalb bis zwei Stunden pro Tag geübt. Jetzt sind es ungefähr vier Stunden; aber vor dem Wettbewerb musste ich natürlich etwas länger üben.

SZ: *Konntest du damals überhaupt schon eine richtige Geige halten?*

J.F.: Angefangen habe ich mit einer sehr kleinen Geige und bekam dann immer größere Instrumente. Nach meiner jetzigen Geige habe ich vier Monate lang gesucht. Sie sollte gut klingen und nicht zu teuer sein.

SZ: *Wer hatte denn die Idee, am Yehudi-Menuhin-Wettbewerb teilzunehmen?*

J.F.: Meine Lehrerin meinte, ich sollte daran ruhig teilnehmen. Man musste erst einmal ein paar Tonbandaufnahmen hinschicken, dazu Empfehlungen von mindestens zwei unabhängigen, anerkannten Lehrern und eine Bestätigung, dass man die Aufnahmen auch wirklich selbst gespielt hat. Natürlich war die Zeit etwas knapp, aber die meisten Stücke, die beim Wettbewerb verlangt wurden, hatte ich eh drauf.

SZ: *War es dein erster Wettbewerb?*

J.F.: Nein, aber mein erster internationaler. Bei „Jugend musiziert" hatte ich ja noch in Geige und Klavier teilgenommen, und mit der Geige habe ich immer den ersten Preis gewonnen.

SZ: *Hörst du in deiner Freizeit auch klassische Musik?*

J.F.: Ja, schon immer und ausschließlich.

SZ: *Und in der Disco gibt es dann einen großen Kulturschock?*

J.F.: Ich gehe nicht in die Disco. Ich habe in meiner Klasse noch eine Freundin, die auch Geige spielt, und wir halten uns von der anderen Musik eher fern.

SZ: *Gibt es Vorbilder – hast du ein Foto von einem der „Großen" im Geigenkoffer?*

J.F.: Ja – eins von Menuhin. Da gratuliert er mir gerade zu meinem ersten Preis. Menuhin ist ein großes Vorbild für mich, und meine Lehrerin hat auch bei ihm studiert. Es gibt aber auch andere wie etwa Igor Oistrach[2]; als er neulich in München einen Meisterkurs gab, habe ich mich von der Schule befreien lassen und ihm beim Unterricht zugehört. Das war schon sehr spannend. Und in Folkestone hatte ich jetzt auch die Gelegenheit, selbst eine halbe Stunde von Menuhin unterrichtet zu werden.

SZ: *Wie wichtig ist die Schule für dich?*

J.F.: Wenn ich in der zehnten Klasse bin und ein Debüt in der Carnegie Hall[3] bekomme, lasse ich die Schule sausen. Aber wenn es geht, möchte ich das Abitur machen.

[1]Yehudi Menuhin: 1916–1999, berühmter Geigenvirtuose [2]Igor Oistrach: geb. 1931, russischer Geiger [3]Carnegie Hall: Konzertsaal in New York

3 Was erfahren Sie in dem Interview zu folgenden Punkten?

1	Alter, in dem sie begann, Geige zu spielen	3 Jahre
2	Grund für ihr Interesse an Musikinstrumenten	
3	Aussehen ihrer ersten Geige	
4	tägliches Übungspensum	
5	Teilnahmebedingungen für den Menuhin-Wettbewerb	
6	ihr Musikgeschmack in der Freizeit	
7	ihre Vorbilder	
8	ihre Zukunftspläne	

4 Mündliche Zusammenfassung

Fassen Sie nun den Inhalt des Interviews anhand der Stichpunkte in Aufgabe 3 zusammen. Verbinden Sie die Sätze mit Wörtern wie *damals, denn, aber, außerdem* usw.
Beginnen Sie so: *Die elfjährige Julia Fischer begann mit drei Jahren, Geige zu spielen. Damals hörte sie oft ...*

AB 102 8–9

5 Ist Julia ein „Wunderkind"? Warum (nicht)?

Ist es Ihrer Meinung nach wünschenswert, so wie Julia zu leben?

GR **6** Verben mit Präposition

GR S. 104/2

Markieren Sie im Text alle Verben, die eine feste Präposition haben, und ordnen Sie sie in die folgende Übersicht ein.

Verb + Präposition + Akkusativ	Verb + Präposition + Dativ
	anfangen mit

AB 102 10–11

GR **7** Ergänzungen des Verbs

Ordnen Sie die Verben mit Präpositionen aus dem Text zu.

Präposition + Nomen	Präposition + Nebensatz oder Infinitivsatz
Angefangen habe ich mit einer sehr kleinen Geige. Nach meiner Geige habe ich vier Monate gesucht.	Dann hast du als Dreijährige damit angefangen, Geige zu spielen.

AB 103 12–14

GR **8** Ergänzen Sie die Regel.

ⓐ Wenn die Präposition nicht vor einem Nomen, sondern vor einem Nebensatz oder Infinitivsatz steht, verbindet man sie mit der Vorsilbe ________ .

ⓑ Beginnt die Präposition mit einem Vokal, lautet die Vorsilbe ________ .

SCHREIBEN

1 Was ist ein „Chat" im Internet?

Chatten Sie selbst manchmal? Zu welchen Themen/Bereichen?

2 Setzen Sie sich zu viert zusammen.

a Stellen Sie sich vor, Sie nehmen alle an einem Internet-Chat teil. Wählen Sie gemeinsam ein Thema.

1 sich über ein Live-Konzert austauschen
2 seine Enttäuschung über ein abgesagtes Konzert mitteilen
3 sich Tipps zum neuesten Hit einer bekannten Band geben
4 über die neuesten Videoclips der Musiksender MTV oder VIVA chatten

b Lesen Sie einige Beiträge zum Chat-Thema 2. Was fällt Ihnen an der Sprache in einem Internet-Chat auf? Unterstreichen Sie die Stellen.

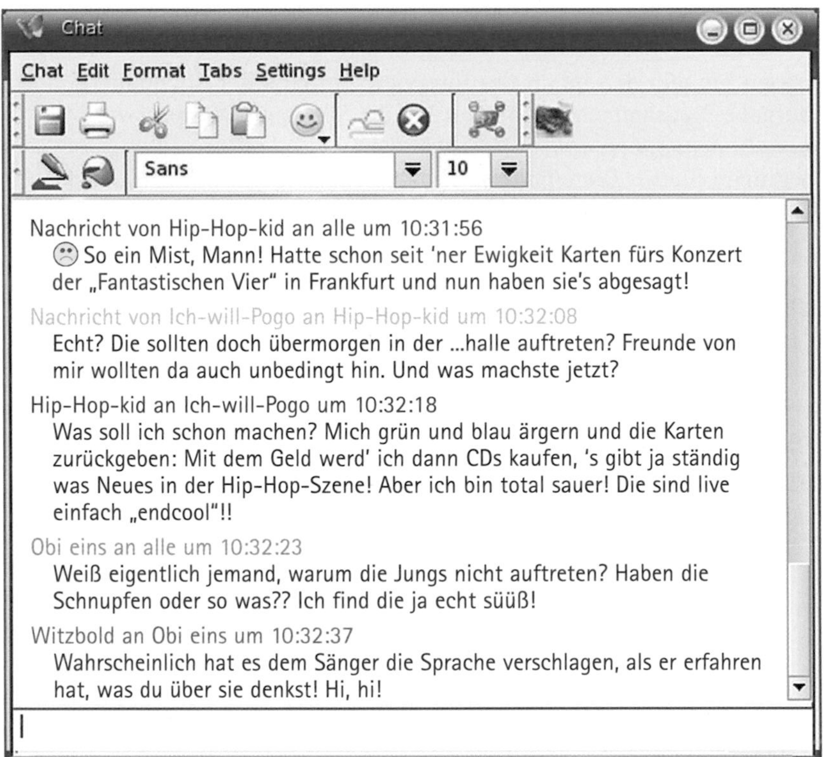
Chat
Chat Edit Format Tabs Settings Help
Sans
10
Nachricht von Hip-Hop-kid an alle um 10:31:56
So ein Mist, Mann! Hatte schon seit 'ner Ewigkeit Karten fürs Konzert der „Fantastischen Vier" in Frankfurt und nun haben sie's abgesagt!
Nachricht von Ich-will-Pogo an Hip-Hop-kid um 10:32:08
Echt? Die sollten doch übermorgen in der ...halle auftreten? Freunde von mir wollten da auch unbedingt hin. Und was machste jetzt?
Hip-Hop-kid an Ich-will-Pogo um 10:32:18
Was soll ich schon machen? Mich grün und blau ärgern und die Karten zurückgeben: Mit dem Geld werd' ich dann CDs kaufen, 's gibt ja ständig was Neues in der Hip-Hop-Szene! Aber ich bin total sauer! Die sind live einfach „endcool"!!
Obi eins an alle um 10:32:23
Weiß eigentlich jemand, warum die Jungs nicht auftreten? Haben die Schnupfen oder so was?? Ich find die ja echt süüß!
Witzbold an Obi eins um 10:32:37
Wahrscheinlich hat es dem Sänger die Sprache verschlagen, als er erfahren hat, was du über sie denkst! Hi, hi!

c Was ist typisch für die Sprache im Internet-Chat? Suchen Sie dazu Beispiele im Chat oben.

lange Absätze – duzen – wie gesprochene Sprache – höfliche Ausdrucksweise – Buchstaben werden weggelassen – indirekte Rede – Interjektionen (spontane Einwürfe) – umgangssprachlich, salopp – kurze Redeanteile – Sie-Anrede – direkte Rede

3 Chatten Sie nun selbst.

Reagieren Sie entweder auf eine Person/Aussage zum Chat-Thema 2 oder beginnen Sie einen neuen Chat zu einem der Themen unter Aufgabe 2a. Legen Sie ein großes Blatt in die Mitte, auf das jeder seinen Chat-Beitrag schreiben kann. Geben Sie dabei an, auf welche Äußerung Sie reagieren.

SPRECHEN

1 Sehen Sie sich die Anzeigen kurz an.

Worum geht es hier?

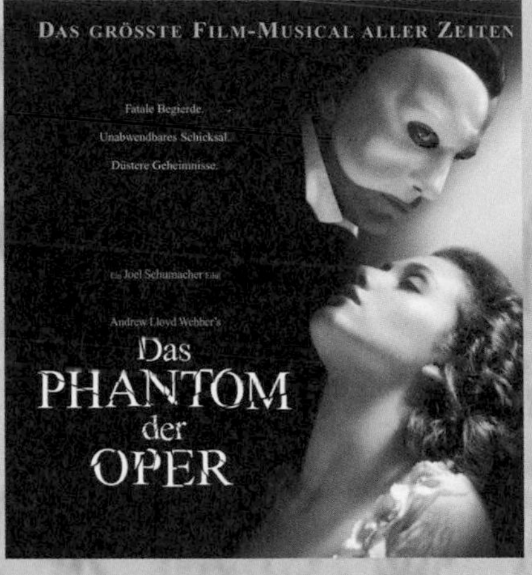

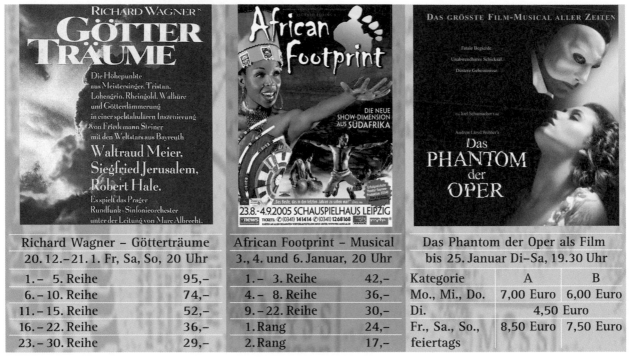

Richard Wagner – Götterträume 20. 12.–21. 1. Fr, Sa, So, 20 Uhr	
1.– 5. Reihe	95,–
6.–10. Reihe	74,–
11.–15. Reihe	52,–
16.–22. Reihe	36,–
23.–30. Reihe	29,–

African Footprint – Musical 3., 4. und 6. Januar, 20 Uhr	
1.– 3. Reihe	42,–
4.– 8. Reihe	36,–
9.–22. Reihe	30,–
1. Rang	24,–
2. Rang	17,–

Das Phantom der Oper als Film bis 25. Januar Di–Sa, 19.30 Uhr		
Kategorie	A	B
Mo., Mi., Do.	7,00 Euro	6,00 Euro
Di.	4,50 Euro	
Fr., Sa., So., feiertags	8,50 Euro	7,50 Euro

2 Informationsgespräch

Setzen Sie sich in Vierergruppen zusammen. Jeweils zwei Personen aus einer Gruppe übernehmen die Rolle eines Interessenten, zwei sind Informanten.

Die Interessenten wählen eine Veranstaltung, die sie gern besuchen möchten. Überlegen Sie:	Die Informanten geben Auskunft darüber,
■ Was möchte/muss ich noch wissen? ■ Für wann möchte ich Karten reservieren? ■ Wie viel möchte ich höchstens ausgeben?	■ wann die Veranstaltung stattfindet. ■ wofür es noch Karten gibt. ■ was die verschiedenen Sitzreihen kosten.
Erkundigen Sie sich telefonisch nach der gewünschten Veranstaltung und lassen Sie Karten zurücklegen. Fragen Sie, wie die Abholung funktioniert.	Lesen Sie die Preislisten zu den Veranstaltungen und nehmen Sie einen Anruf entgegen. Entscheiden Sie, für welche Vorstellungen/Plätze es noch Karten gibt und welche ausverkauft sind.

Guten Tag, ich wollte wissen, ob es für die Vorstellung … noch Karten gibt.
Was kosten denn die Karten …?
Gut, dann bestelle ich 2 (3, 4) Karten für …
Schade. Wofür gibt's denn noch welche?
Muss ich die bestellten Karten vorher abholen/zahlen/…?
Vielen Dank für die Auskunft.
Auf Wiederhören.

Ticket-Service Montana, guten Tag.
Für welche Vorstellung denn? Einen Moment bitte, da muss ich nachsehen.
Ja, da gäb's noch … Karten in Reihe … und in Reihe …
Die kosten jeweils …
Nein, tut mir leid, da ist leider schon alles ausverkauft.
Die Karten werden auf Nummer … an der Kasse hinterlegt.
Bitte holen Sie sie … vor Vorstellungsbeginn ab.
Auf Wiederhören.

AB 104 15–16

3 Spielen Sie Ihr Gespräch einmal durch und präsentieren Sie es anschließend in der Klasse.

LESEN 3

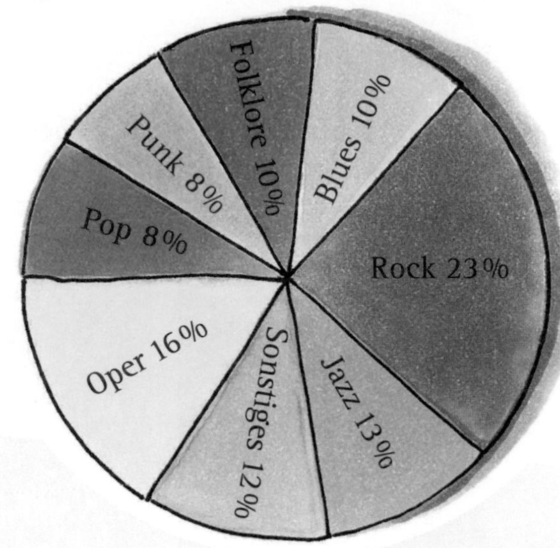

1 **Sehen Sie das Schaubild an.**
Worum geht es darin?

2 **Lesen Sie die Überschrift des folgenden Artikels aus einem Wochenendmagazin.**
Was steht wohl in dem Artikel?

DER PERFEKTE Popsong

Wie geht das? Ganz einfach: Man fragt die Menschen, was sie hören wollen.

Wir haben es immer schon gewusst. Hip-Hop, Techno, Drum & Bass – alles dummes Zeug. Das will keiner hören. Beweisen allerdings konnte diese These bisher niemand. Zumindest nicht mit Zahlen. Im Frühjahr aber taten sich zwei Maler und ein Neurologe und Musiker zusammen. Sie versuchten per Internet-Umfrage herauszufinden, wie ein Popsong komponiert sein muss, damit es gelingt, möglichst viele Menschen zu erfreuen. Und nun liegt das Ergebnis vor. Die CD, die mit vielen Gastmusikern in New York eingespielt wurde, trägt den Titel: *Das meistgewünschte Lied*. Die Künstler präsentierten auch gleich das Gegenteil, *Das unerwünschteste Lied*, das mit größter statistischer Wahrscheinlichkeit nur etwa ein paar Dutzend Menschen hören möchten.

Die drei Urheber dieser Aktion hatten ihre Fragen auf mehreren Seiten im Internet gestellt. Es wurde nicht nur danach gefragt, wie lang ein Lied zu sein hat, damit es gefällt, sondern auch nach der optimalen Kombination von Instrumenten, nach Textinhalt, Lautstärke, Tempo.

Sie stellten Hunderte von Fragen und erhielten Hunderttausende von Antworten: Bei den Instrumenten liegt die gute alte Gitarre (23 %) an der Spitze. Der beliebteste Musikstil ist Rock'n'Roll (23 %), je tiefer die Stimme klingt, desto besser, und das ideale Lied – meinten 60 Prozent – sollte zwischen drei und zehn Minuten dauern.

Dudelsäcke hingegen machen schlechte Laune, ebenso wie Banjos und Harfen. Sie kamen in der Hitliste am schlechtesten weg. Musik im Fahrstuhl oder im Supermarkt finden 86 % der Befragten unerträglich. Und bitte keine Lieder mit Cowboys, Politikern oder etwa Texte über Ferien! Als besonders schlimm wird eine von Kindern vorgetragene Komposition empfunden.

Was nun als Ergebnis herauskam, ist in der Tat verdächtig, ein Hit zu werden, mit dem Millionen zu verdienen sind: Ein schmalziges Liebeslied im mittleren Tempo, exakt fünf Minuten lang, also gerade noch radioformatgerecht. Über einem Klangteppich aus Gitarren, Celli, Klavier und Bass duettieren eine Frauenstimme voller Soul und eine raue Männerstimme. *Das meistgewünschte Lied* klingt eigentlich wie ein Werbelied. „Das ist es doch, was alle wollen", sagt J. Goldier, einer der drei Schöpfer. „Jingles. Das große Lalala."

Und *Das unerwünschteste Lied*? 21 Minuten und 59 Sekunden ist es lang, große Schwankungen bei Lautstärke und Tempo, ein quäkender Kinderchor, viele Banjos, Dudelsäcke und abrupte Stilbrüche. Goldier: „Keiner ist bei der Uraufführung gegangen. Das hat mich überrascht. Die guckten nur die ganze Zeit so, als würden sie einem Verkehrsunfall beiwohnen."

3 **Die Ergebnisse der Untersuchung**

Antworten Sie in Stichpunkten.

1 beliebtester Musikstil	Rock'n'Roll
2 beliebtestes Instrument	
3 optimale Länge	
4 gewünschte Stimme	
5 unerwünschte Instrumente	
6 nicht gefragte Inhalte	
7 als Interpreten unerwünscht	
8 unbeliebte Orte zum Musikhören	

4 **Steht das so im Text?**

	ja	nein
a Bis zu einer Internet-Umfrage gab es kein statistisches Material über den Musikgeschmack des Publikums.	☐	☐
b Man wurde bei der Internet-Umfrage zum Beispiel gefragt, wovon ein Lied handeln sollte, mit welchen Instrumenten es gespielt werden und welche Länge es haben soll.	☐	☐
c Es gab deutliche Unterschiede bei der Beliebtheit von Instrumenten.	☐	☐
d Viele Leute hören beim Einkaufen gern Hintergrundmusik.	☐	☐
e Mit dem Lied, das nach den erfragten Kriterien komponiert wurde, hat der Komponist schon Millionen verdient.	☐	☐
f Auch das statistisch gesehen unbeliebteste Lied hat man schon einem Publikum präsentiert, das es sich bis zum Ende anhörte.	☐	☐

AB 105 17–19

GR 5 **Analysieren Sie die beiden folgenden Sätze.** GR S. 104/3

- „Sie versuchten per Internet-Umfrage herauszufinden, ... " (Zeilen 11/12)
- „ ... damit es gelingt, möglichst viele Menschen zu erfreuen." (Zeilen 13–15)

a Welche grammatische Form hat *herauszufinden* bzw. *zu erfreuen*?

b Suchen Sie im Text weitere Formulierungen mit dieser Struktur.

GR 6 **Umformung**

Wie kann man die Sätze mithilfe folgender Modalverben umschreiben?

sollen – (nicht) wollen – können – könnte(n)

Infinitiv mit *zu*	mit Modalverb
Sie versuchten per Internet herauszufinden, wie ein Popsong komponiert sein muss, ...	Sie wollten per Internet herausfinden, wie ein Popsong komponiert sein muss, ...

1 Negation

ÜG S. 136

a) Satznegation: Ein Satz bzw. das Verb eines Satzes wird mit *nicht* verneint.
Die Musiker haben ihr Publikum gestern nicht enttäuscht.

b) Teilnegation: Ein Teil eines Satzes wird verneint.
Die Musiker haben ihr Publikum nicht gestern enttäuscht, sondern in dem Konzert vor zwei Monaten.
Die Musiker haben gestern nicht ihr Publikum enttäuscht, sondern ihren Konzertmanager.

c) Negationswörter

Mozart hatte eine schöne Kindheit.	*Mozart hatte keine schöne Kindheit.*	*kein/e*
Jeder wusste, wie anstrengend diese Reisen für den jungen Musiker waren.	*Niemand wusste, wie anstrengend diese Reisen für ihn waren.*	*niemand, keine/r*
Die Kaiserin hat Mozart etwas geschenkt.	*Die Kaiserin hat Mozart nichts geschenkt.*	*nichts*
Mozart hatte immer Geldprobleme.	*Mozart hatte nie Geldprobleme.*	*nie, niemals*
Überall wurde das Wunderkind bestaunt.	*Nirgendwo wurde das Wunderkind bestaunt.*	*nirgendwo, nirgends*

d) Zur Bedeutung von kaum:
Der Komponist hatte fast kein Geld. = Der Komponist hatte kaum Geld.
Ich höre fast nie klassische Musik. = Ich höre kaum klassische Musik.
Auch: *fast nichts = kaum etwas; fast niemand = kaum jemand*

8

2 Verben mit Präposition

ÜG S. 90

a)

Verb + Präposition + Akkusativ	Verb + Präposition + Dativ	
sich erinnern an warten auf sich bedanken für	anfangen mit suchen nach teilnehmen an	sich fernhalten von gratulieren zu

b) Ergänzungen des Verbs

Präposition + Nomen	Präpositionalpronomen + Nebensatz/Infinitivsatz
Angefangen habe ich mit einer sehr kleinen Geige ...	*Du hast als Dreijährige damit angefangen, Geigenunterricht zu nehmen.*
Nach meiner Geige habe ich vier Monate gesucht.	*Ich erinnere mich daran, wie ich in die Hochschule pilgerte.*

Steht die Präposition nicht vor einem Nomen oder Pronomen, sondern vor einem Nebensatz oder Infinitivsatz, dann verbindet man sie mit der Vorsilbe *da-*, z.B. *dafür, damit, danach* usw. Beginnt die Präposition mit einem Vokal, lautet die Vorsilbe *dar-*, z.B. *daran, darauf, darüber* usw.

3 Infinitiv + *zu*

ÜG S. 152

Der Infinitiv mit *zu* kann stehen:

links vom Hauptverb	*Ein ideales Lied herauszubringen ist recht einfach.*
rechts vom Hauptverb	*Die Musiker begannen, den Geschmack der Leute zu untersuchen.*
Bei Perfekt und Plusquamperfekt: vor dem Partizip II	*Danach haben sie zu komponieren angefangen.*
nach einem Verb mit fester Präposition	*Die meisten Zuhörer hoffen darauf, ihren Lieblingshit zu hören.*

Bei den Modalverben und den Verben *bleiben, gehen, helfen, hören, lassen, lernen* und *sehen* steht der Infinitiv **ohne** *zu*.
Beispiel: *Ich höre ihn Gitarre spielen.*

9

1 **Was sehen Sie auf dem Foto?**

a) Wo befindet sich dieser Mann?

b) Wie ist er angezogen?

c) Wie finden Sie ihn?

2 **Lesen Sie die folgende Kurzbiografie.**

Warum ist Messner eine berühmte Persönlichkeit?

Reinhold Messner Bergsteiger – Autor – Bergbauer

geboren am 17. September 1944 in Südtirol, Italien (Muttersprache Deutsch) als eins von neun Kindern
Schule in Bozen, Italien
Studium des Hoch- und Tiefbaus in Padua, Italien
Bergtouren, etwa 100 Erstbesteigungen
alle 14 Achttausender bestiegen
zu Fuß durch die Antarktis, Grönland, Tibet und die Wüste Takla Makan

LESEN 1

1 **Zeitungsartikel**

Welche Aussage passt zu welchem Artikel? Nicht alle Aussagen passen.

- **a** Messner ist ein guter Geschäftsmann.
- **b** Messner verlor seinen Bruder bei einer Bergtour.
- **c** Messner hat sich am Knie verletzt.
- **d** Für Messner ist der Tod seines Bruders ein Problem.
- **e** Messners Besteigung des höchsten Berges der Welt
- **f** Messners Zuhause
- **g** Messner plant ein gefährliches Unternehmen.
- **h** Messner ist ein passionierter Jäger.

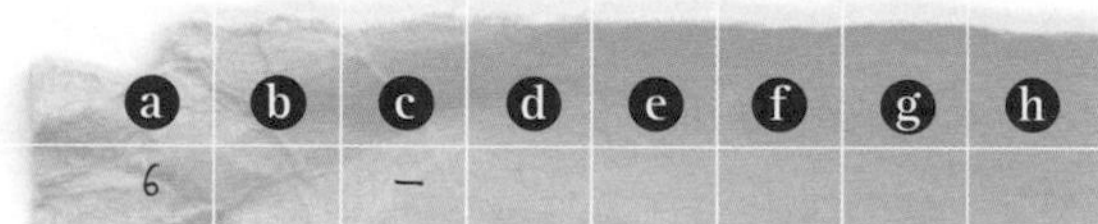

a	b	c	d	e	f	g	h
6		–					

1 **Auf Knien zum Gipfel** Wie Reinhold Messner und sein Kamerad Peter Habeler es schafften, den höchsten Berg der Welt zu bezwingen – zum ersten Mal ohne künstlichen Sauerstoff.

2 **DAS SUPERDING DES BERGKÖNIGS**
Der „Weltmeister der Alpinisten" will ohne Sauerstoffgerät und mit nur 20 kg Gepäck den Mount Everest (8848 m) bezwingen. Was treibt den eigenwilligen Abenteurer und Schriftsteller zum Vabanquespiel zwischen Gipfel und Grab?

3 **Tod im Eis – die Messner-Tragödie**
Der Bruder des bekannten Bergsteigers Reinhold Messner kam 1970 während einer spektakulären Expedition auf dem 8125 Meter hohen Nanga Parbat im Himalaja ums Leben. Wie ist Günther Messner umgekommen? Dieser Frage geht ein Dokumentarfilm mit Interviews nach, in denen Teilnehmer der Expedition zu Wort kommen.

Besuch bei dem Abenteurer auf seiner Burg in Südtirol 4
Dreizehn Jahre hat Messner an seiner Südtiroler Burg Juval herumgebaut, in der er im Sommer mit Frau und Kindern lebt.

„Es ist eine lebenslange Last" 5
Über ein Leben mit der Schuld grübelt Reinhold Messner, der ehemalige Extrembergsteiger und heutige Europaabgeordnete der Grünen. Die Leiche seines Bruders wurde erst 35 Jahre nach dessen tödlichem Bergunfall gefunden.

ZWISCHEN FERNWEH UND KOMMERZ 6
„Ich bettle nicht", sagt Reinhold Messner, „ich fordere". Schließlich ist er der „King" unter den Bergsteigern, hat neue Maßstäbe im Alpinismus (und seiner geschäftlichen Nutzung) gesetzt.

2 **Lesen Sie jetzt die folgende Beschreibung.**

Beantworten Sie danach die Fragen zu zweit.

Die erste Bergtour

Er erinnert sich noch genau, wie er in der Früh um fünf geweckt wurde. Zähneklappernd von der kalten Morgenluft zog er sich an, während der Vater den Rucksack füllte und auch ein Seil einpackte. Maria, seine Mutter, kletterte als Erste, ihr folgte der Vater, dahinter Helmut, der ältere Bruder, und als Letzter Reinhold. Das war nun die erste richtige Klettertour. In dem Augenblick, in dem sie zu klettern begannen, erschien es Reinhold viel einfacher, als er sich das gedacht hatte. Es war ein aufregendes Gefühl, als sie das eiserne Gipfelkreuz vor sich erblickten. Auf dem Gipfel begrüßte sie eine Gruppe von Bergsteigern. Man schüttelte sich die Hände und gratulierte den beiden Jungen zu ihrem Klettererfolg. Er sah hinunter. Unendlich weit ging es die tausend Meter hinunter bis zu den Wiesen, die sich dort im Sonnenschein ausbreiteten. Hier oben pfiff ein ganz rauer Wind. Dann stiegen sie wieder hinunter. Er war froh über das Seil, das ihn mit dem Vater verband, froh über die ruhigen Anweisungen der Mutter. Doch am meisten freute er sich auf seinen gemütlichen Schlafplatz. Es war ein harter Tag gewesen, selbst für die Erwachsenen, am härtesten jedoch für den fünfjährigen Reinhold.

a Wer war bei der Bergtour dabei?	
b Wie lange dauerte die Bergtour?	
c Welche Ausrüstung nahm der Vater mit?	Rucksack und Seil
d Wie war das Wetter an jenem Tag?	
e Was erfährt man über die Höhe des Berges?	

1 Markieren Sie im Lesetext *Die erste Bergtour* Wörter, die mit dem Thema *Bergsteigen* zu tun haben.

a Ordnen Sie diese Wörter und klären Sie ihre Bedeutung.

Verben	Nomen
klettern	die Bergtour

b Was braucht ein Bergsteiger außer Seil und Rucksack eventuell noch?

2 Denken Sie jetzt an Sport ganz allgemein.

a Was fällt Ihnen spontan ein? Sammeln Sie Wörter.

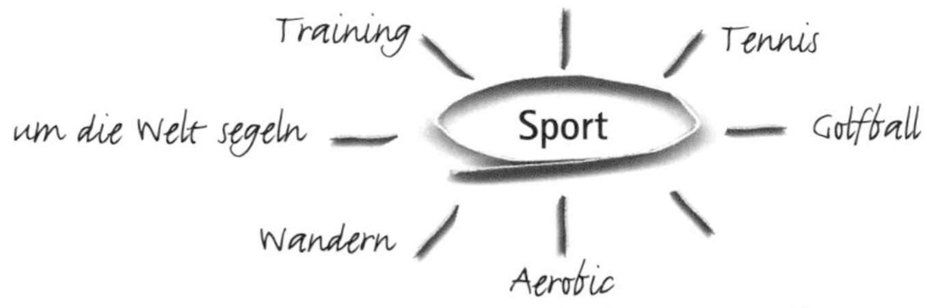

b Welche Funktion oder Qualität haben die Sportarten, die Sie gesammelt haben? Ordnen Sie zu.

Erholung	Fitness	Wettkampf/Turnier	Extremsport
Wandern	Aerobic	Tennis	um die Welt segeln

AB 110 2–3

3 *spielen* oder *machen*

a Welche Verben passen zu welchen der folgenden Sportarten?
b Wer übt diese Sportart aus?
c Wo wird diese Sportart ausgeübt?
d Welche Ausrüstung ist dazu nötig?

Basketball – Bergsteigen – Eishockey – Fußball – Golf – Gymnastik – Handball – Joggen – Judo – Karate – Laufen – Leichtathletik – Reiten – Schwimmen – Surfen – Tennis – Tischtennis – Turnen – Volleyball – Wandern – Windsurfen

auf dem Platz – auf dem Wasser – im Freien – im Gebirge – im Stadion – in der Halle – überall – ...

das Brett – der Anzug – der Ball – der Puck – der Schläger – die Hose – die Schuhe – die Stiefel – ...

Sportart	*spielen* oder *machen*	Person	Ort	Ausrüstung
Basketball	spielen	der/die Basketballspieler/in	die Sporthalle	der Ball

e Welche Sportarten (z.B. *Reiten*) werden ohne die Verben *spielen* oder *machen* gebildet? Warum wohl?

4 Unterhalten Sie sich zu zweit.

a Welche Sportarten spielen in Ihrem Land eine besondere Rolle?
b Spielen/Machen Sie selbst auch ... ?

Bei uns ist Fußball die beliebteste Sportart.
Ich selber spiele oft/gelegentlich/manchmal/ leider nicht Fußball.
Ich spiele lieber Tennis/...

AB 112 4

9

LESEN 2

1 **Sehen Sie sich die Fotos an.**

Welche dieser Trend-Sportarten kennen Sie?
Welche würden Sie gern ausüben oder lernen?

2 **Lesen Sie den Text aus dem Internet.**

a Was versteht man unter Ausdauertraining?

b Wofür ist es gut?

c Worauf sollte man beim Training achten?

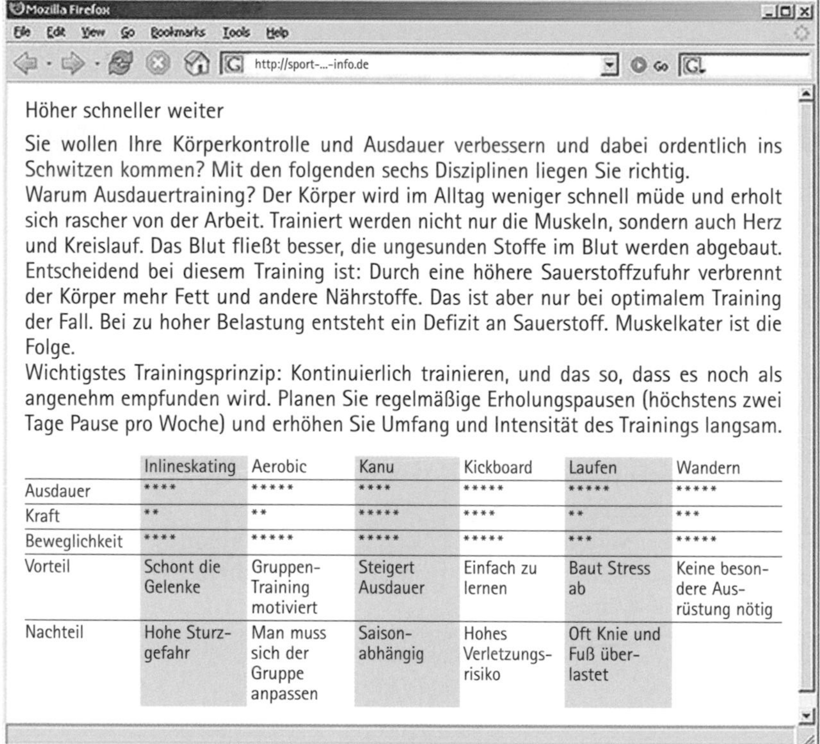

Höher schneller weiter

Sie wollen Ihre Körperkontrolle und Ausdauer verbessern und dabei ordentlich ins Schwitzen kommen? Mit den folgenden sechs Disziplinen liegen Sie richtig.
Warum Ausdauertraining? Der Körper wird im Alltag weniger schnell müde und erholt sich rascher von der Arbeit. Trainiert werden nicht nur die Muskeln, sondern auch Herz und Kreislauf. Das Blut fließt besser, die ungesunden Stoffe im Blut werden abgebaut. Entscheidend bei diesem Training ist: Durch eine höhere Sauerstoffzufuhr verbrennt der Körper mehr Fett und andere Nährstoffe. Das ist aber nur bei optimalem Training der Fall. Bei zu hoher Belastung entsteht ein Defizit an Sauerstoff. Muskelkater ist die Folge.
Wichtigstes Trainingsprinzip: Kontinuierlich trainieren, und das so, dass es noch als angenehm empfunden wird. Planen Sie regelmäßige Erholungspausen (höchstens zwei Tage Pause pro Woche) und erhöhen Sie Umfang und Intensität des Trainings langsam.

	Inlineskating	Aerobic	Kanu	Kickboard	Laufen	Wandern
Ausdauer	****	*****	****	*****	*****	*****
Kraft	**	**	*****	****	**	***
Beweglichkeit	****	*****	*****	*****	***	*****
Vorteil	Schont die Gelenke	Gruppen-Training motiviert	Steigert Ausdauer	Einfach zu lernen	Baut Stress ab	Keine besondere Ausrüstung nötig
Nachteil	Hohe Sturzgefahr	Man muss sich der Gruppe anpassen	Saisonabhängig	Hohes Verletzungsrisiko	Oft Knie und Fuß überlastet	

3 **Vergleichen Sie zwei der sechs Sportarten.**

Beispiel: *Das beste Krafttraining ist ...*
... bringt dagegen viel weniger Kraft.
... bringt dagegen weniger für die Ausdauer. Genau wie ...

AB 112 5–10

4 **Empfehlen Sie Ihren Lernpartnern eine dieser Sportarten.**

A *Ich würde gern mal Kanufahren ausprobieren.*
B *Also ich würde Ihnen eher Wandern als Kanufahren empfehlen.*
A *Warum denn das?*
B *Zum Wandern brauchen Sie keine besondere Ausrüstung. Außerdem ist es nicht so saisonabhängig wie ...*

WORTSCHATZ 2 – *Landschaften und Klima*

1 Landschaften

a Sehen Sie sich die Fotos an. Welche Landschaften sind abgebildet?

b Welche Landschaft gefällt Ihnen am besten?

c Ergänzen Sie die Liste.

Landschaft	Klima	Merkmale
Gebirge	kalt, eisig	Eis, Schnee

AB 115 11–12

2 Was gehört zusammen?

Ergänzen Sie die passenden Nomen.

der Sand – die Bäume – das Wasser – die Spitze – der Schnee – die Blumen – die Hitze – die Kälte – das Salz – der Gipfel – das Gras

das Meer	das Salz
der Berg	
das Eis	
die Wiese	
die Wüste	
der Urwald	

3 Was ist das Gegenteil?

hoch	tief
heiß	
trocken	
gebirgig	
schmal	
leicht	
groß	
ruhig	
glühend	
gemäßigt	
lang	

AB 115 13

4 Welche Adjektive aus Aufgabe 3 passen zu den Landschaften aus Aufgabe 1?

Machen Sie Sätze. Beispiel: *Die Berge sind hoch.*

5 Quiz: Stadt – Land – Fluss

Die Klasse teilt sich in zwei Gruppen. Jede Gruppe stellt der anderen Fragen zur Geografie, in denen ein Superlativ vorkommt. Gewonnen hat die Gruppe mit den meisten richtigen Antworten.
Frage: das Gebirge (hoch): *Wie heißt das höchste Gebirge der Erde?*
Antwort: *Himalaja.*

auf der Erde	in Deutschland / Österreich / der Schweiz
das Gebirge (hoch) – der Kontinent (klein) – das Land (groß) – das Land (bevölkerungsreich) – das Land mit Fläche (groß) – der Binnensee (groß) – der Wasserfall (hoch) – ...	die Stadt (groß) – die zwei Flüsse (groß und lang) – der Berg (hoch) – der See (groß) – das Bundesland (bevölkerungsreich) – ...

1 **Sehen Sie sich das Foto an.**
Warum sind die beiden hier wohl zusammen abgebildet?

2 **Sehen Sie sich den Text unten an, ohne ihn schon genau zu lesen.**
Um was für eine Art von Text handelt es sich?
- ☐ um einen Plan
- ☐ um eine Zeittafel
- ☐ um eine Geschichte
- ☐ um einen Lexikoneintrag

3 **Unterstreichen Sie beim ersten Lesen Schlüsselwörter.**

Sir Edmund Hillary und Reinhold Messner

Everest-Chronik

1749	Eine indische Landvermessungsgruppe entdeckt einen sehr hohen Gipfel im Himalaja.
1856	Berechnungen ergeben, dass dieser Gipfel höher ist als irgendein bis dahin bekannter Gipfel. Verschiedene Namen werden vorgeschlagen. Man entscheidet sich für Mount Everest nach Sir George Everest, dem Leiter der indischen Landvermessung. Die Höhe wird auf 8840 Meter errechnet. Seit 1955 gilt als Höhe 8848 Meter.
1920	Der Brite Charles Bell erhält von der Regierung Tibets die Genehmigung zur ersten Everest-Expedition.
1953	Der Neuseeländer Edmund Hillary und der Nepalese Tenzing Norgay stehen im Rahmen der zehnten britischen Everest-Expedition als die ersten Menschen auf dem Gipfel.
1975	Japanische Frauenexpedition unter Eiko Hisano. Am 16.5. ersteigt Junko Tabei mit Sherpa Sirdar Ang Tsering als erste Frau den Everest.
1978	Die Südtiroler Reinhold Messner und Peter Habeler erreichen als Erste den Gipfel ohne Verwendung von künstlichem Sauerstoff.
1988	Jean-Marc Boivin steigt mit einem tragbaren Paragleiter auf und gleitet in elf Minuten hinab zum Lager II.
1996	Acht Kletterer sterben in einem Sturm, unter ihnen die routinierten Bergführer Rob Hall und Scott Fischer. Jon Krakauers Bestseller *Into Thin Air* eröffnet eine öffentliche Debatte über die Ursachen des Unglücks.
2000	Sherpa Babu Chiri klettert in der Rekordzeit von weniger als 17 Stunden über die Südseite vom Basislager zum Gipfel. Im folgenden Jahr stirbt er bei einem Sturz in eine Gletscherspalte in der Nähe von Lager II.
2001	Marco Siffredi gelingt die erste Abfahrt vom Gipfel auf einem Snowboard. Er bleibt im folgenden Jahr nach einem Versuch, den Hornbein Couloir abzufahren, verschollen.
2003	Im April besteigen die Finalisten der Reality-Fernsehsendung *Global Extremes* den Everest. Die Zuschauer erleben das Erreichen des Gipfels live im Fernsehen mit.

4 **Fragen zum Text**

- **a** Seit wann ist der Everest als Berg bekannt?
- **b** Aus welchem Land stammt die erste Frau, die den höchsten Berg der Welt bestiegen hat?
- **c** Wie heißen die Einheimischen, die eine Everest-Expedition begleiten?
- **d** Was war Messners besondere Leistung?
- **e** Wer waren die ersten Menschen auf dem Gipfel des Everest?
- **f** Von wem hat der höchste Berg der Welt seinen Namen?
- **g** Wie lange dauerte der schnellste Anstieg vom Basislager zum Gipfel?
- **h** Mit welchen Sportgeräten sind Bergsteiger wieder vom Everest heruntergekommen?

GR 5 **Ordinalzahlen** GR S. 116/4

- **a** Unterstreichen Sie im Lesetext Ausdrücke, denen Zahlen zugrunde liegen.
- **b** Markieren Sie die Artikel und Endungen in der Tabelle unten.

Kasus	Singular + bestimmter Artikel	Plural + bestimmter Artikel	Singular ohne Artikel
Nominativ	Beispiel der erste Bergsteiger die erste Expedition das erste Mal	m/f/n: die ersten Bergsteiger	m: erster Mensch f: erste Frau n: erstes Kind
Akkusativ	den ersten Bergsteiger die erste Expedition das erste Mal	die ersten Bergsteiger	
Dativ	dem ersten Bergsteiger der ersten Expedition (zu dem) zum ersten Mal	den ersten Bergsteigern	
Genitiv	des ersten Bergsteigers der ersten Expedition des ersten Kindes	(einer) der ersten Bergsteiger	

AB 116 14–16

GR 6 **Die höchsten Berge der Welt** GR S. 116/3

Vergleichen Sie die Berge auf dem Bild rechts und danach die Berge aus dem Kasten unten.

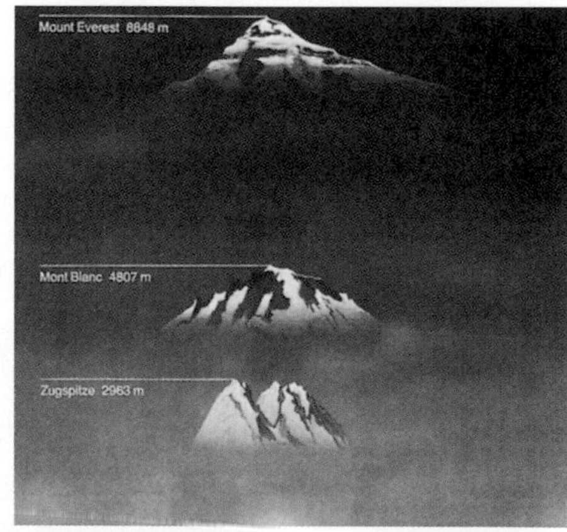

Höhe	Berg	Land
4807 m	Montblanc	Frankreich
8848 m	Mount Everest	Nepal
3798 m	Großglockner	Österreich
2963 m	Zugspitze	Deutschland
6768 m	Huascarán	Peru

etwas – kaum – viel – wesentlich ebenso – genauso – (bei Weitem) nicht so	höher als hoch wie	*Der Everest ist wesentlich höher als der Montblanc.* *Der Montblanc ist bei Weitem nicht so hoch wie der Mount Everest.*

AB 117 17–18

SPRECHEN 1

1 **Traumberufe**

ⓐ Welche Berufe sind in Ihrem Land bei Kindern und Jugendlichen besonders beliebt?

ⓑ Was ist wichtig bei einem Traumberuf? Kreuzen Sie an.

☐ Man hat viel Freiheit. ☐ Man hat viel Freizeit. ☐ Man verdient viel Geld. ☐ Man kann viel in der Natur sein.

2 **Lesen Sie den Fragebogen.**

Klären Sie unbekannte Wörter.

Reinhold Messner:

Traumberuf Abenteurer

1	Welchen Traumberuf hatten Sie als Kind?	Abenteurer.
2	Hat sich dieser Traum erfüllt?	Ja. Siehe meine Biografie.
3	Wer oder was war wichtig für Ihre Berufswahl?	Erlebnisse in der Kindheit.
4	Woran sollten sich junge Leute bei der Wahl des Berufs orientieren?	Daran, was sie gern tun, an ihrer inneren Stimme, Begeisterung.
5	Welche Erinnerungen haben Sie an Ihre Ausbildung?	Schlechte, albtraumhafte.
6	Welche Ziele haben Sie sich beim Berufsstart gesetzt?	Höchste Ansprüche an mich selbst.
7	Wie haben Sie Ausbildung und Studium finanziert?	Durch Arbeit, zum Beispiel als Bergführer im Sommer.
8	Welche Ihrer Eigenschaften sind für Ihre berufliche Tätigkeit besonders wichtig?	Identifikation mit dem, was ich mache.
9	Welche Eigenschaften sind außerdem in der heutigen Berufswelt gefragt?	Kreativität, Ausdauer.
10	Was können Sie heute noch aus Ihrer Ausbildung / aus Ihrem Studium brauchen?	Fast nichts.

3 **Bewertung**

ⓐ Aus welchen dieser Antworten erfahren Sie viel über den Menschen Reinhold Messner?

ⓑ Welche Antworten Messners finden Sie für sich persönlich interessant, welche nicht?

4 **Interview**

Stellen Sie Ihrer Lernpartnerin / Ihrem Lernpartner die Fragen aus dem Fragebogen. Wo nötig, passen Sie die Fragen an die Situation an. Beispiel: *Welchen Traumberuf haben Sie / hast du?* Notieren Sie sich die Antworten und stellen Sie die beiden interessantesten Antworten in der Klasse vor.

HÖREN

1 **Unterhalten Sie sich zu zweit.**

Haben Sie schon einmal eine der folgenden Aktivitäten unternommen? Wann und wo war das?

die Wandertour – das Felsklettern – das Bergsteigen – die Skitour – (der) Skilanglauf

2 **Was sehen Sie auf den Fotos?**

Zu welcher modernen Sportart gehört diese Ausrüstung wohl?

9

3 **Hören Sie die Radiosendung „Sanftes Fitness-Training".**

CD 2 | 14–16

Sie hören die Sendung einmal ganz. In welcher Reihenfolge hören Sie diese Themen? Nummerieren Sie.

- ☐ Ausrüstung
- ☐ Meinungen zu der Sportart
- ☐ Technik
- ☐ Tipps für das Training
- ☐ Vorteile der Sportart

4 **Hören Sie die Sendung in Abschnitten noch einmal.**

Bearbeiten Sie die Aufgaben zu jedem Abschnitt.

Abschnitt 1
CD 2 | 14

Was ist richtig? Kreuzen Sie an.

Nordic Walking ist für Menschen, die

- ☐ über 75 Jahre alt sind.
- ☐ mindestens 10 Jahre alt sind.
- ☐ zwischen 10 und 75 sind.
- ☐ sportlich sehr aktiv sind.
- ☐ einen preiswerten Sport suchen.
- ☐ andere Sportarten wirkungslos finden.

Die Vorteile von Nordic Walking sind:

- ☐ Es wirkt sich positiv auf Arme und Beine aus.
- ☐ Fast alle Teile des Körpers werden trainiert.
- ☐ Es ist besonders gut für Herz und Kreislauf.

Abschnitt 2
CD 2 | 15

Wie lange dauert es, Nordic Walking zu lernen? ______________________

Woran erkennt man, ob man optimal trainiert?

- ☐ am Schweiß
- ☐ am roten Kopf
- ☐ am Herzschlag

Abschnitt 3
CD 2 | 16

Als Ausrüstung braucht man ... Kreuzen Sie an.

- ☐ Joggingschuhe
- ☐ hohe Sportschuhe
- ☐ spezielle Schuhe
- ☐ Skistöcke
- ☐ Holzstöcke
- ☐ spezielle Stöcke

Warum lehnen manche Leute Nordic Walking ab? ______________________

5 **Möchten Sie Nordic Walking ausprobieren?**

SPRECHEN 2

1 Haben Sie schon einmal einen Sportunfall gehabt?

Tauschen Sie sich mit Ihrer Lernpartnerin / Ihrem Lernpartner aus. Erzählen Sie anschließend in der Klasse, was Sie erfahren haben. AB 117 19

2 Ist das gefährlich?

Begründen Sie Ihre Meinung.

		ja	nein
a	Anita springt an einem Gummiseil von einer 80 Meter hohen Brücke. (Bungeejumping)		
b	Frau K. will mit 45 Jahren noch einen Marathon laufen.		
c	Peter möchte mit dem Auto allein durch die Wüste Sahara fahren.		
d	Johannes will von Frankreich nach England schwimmen.		
e	Laura möchte mit einem Gleitschirm von der Zugspitze springen.		

3 Gefahren beim Sport

Ergänzen Sie unten passende Sportarten und bilden Sie sinnvolle Sätze. Achten Sie auf den richtigen Satzbau.

Sportart	Verb	Körperteil	Beispiel
Reiten	verletzen	der Kopf	Beim Reiten kann man vom Pferd fallen und sich den Kopf verletzen.
Skifahren	brechen	das Bein	
Volleyball	wehtun	das Gelenk	
	überstrapazieren	die Wirbelsäule	
		der Zeh	
		der Knochen	

9

4 Lesen Sie die folgenden Aussagen.

a Um welches Problem geht es?
b Welche Meinung haben die drei Befragten?

Die Berge werden zunehmend von Menschen bestiegen, die sonst nie etwas Höheres als einen Barhocker erklimmen. Dutzende Male passieren tödliche Unfälle beim Gipfel-Foto. Man tritt einen Meter zurück und noch einen Meter – und plötzlich dann der Schritt ins Leere.

Der Stress ist dort am größten, wo Ungeübte meinen, sie müssten sich mit Profis messen. So kommt es sogar bei Sportarten wie Joggen oder Radfahren zu Überbelastungen. Wer seine Grenzen nicht kennt, lebt im Sport gefährlich.

Wir wollten segeln. Das Meer war aber leider sehr unruhig. Ein Ehepaar aus unserem Hotel wollte nicht auf besseres Wetter warten. Ihr Urlaub war ihnen einfach zu kurz, um zu warten, und ihr Ehrgeiz war riesig. Deshalb kam es zu einem schweren Unfall.

AB 118 20

5 Stimmen Sie dieser Meinung zu? Warum? Warum nicht?

Ja, ich bin auch der Meinung, ...
Ja, ich finde auch, dass ...
Nein, ich denke nicht, dass ...
Also, ich glaube nicht, ...
Ich habe mich noch nie mit dieser Frage beschäftigt.

SCHREIBEN

1 **Lesen Sie, was das Nachrichtenmagazin „Der Spiegel“ berichtet.**

Alpinismus

Schlechtes Wetter, Leichtsinn und Abenteuerlust: Schon über 50 Bergsteiger stürzten diesen Sommer in den Alpen in den Tod.

Oft wundern sich Menschen, die mit Hubschrauber und modernster Technik aus Bergnot gerettet wurden, wenn sie danach eine Rechnung erhalten, die 5 000 Euro und mehr ausmachen kann. Während in Deutschland, Österreich und der Schweiz jeder die Kosten für solche Rettungsaktionen selber tragen muss, trägt in Frankreich der Staat diese Kosten. Seit der jüngsten Unfallserie am Montblanc gibt es jedoch eine Kontroverse darüber, ob die Großzügigkeit sinnvoll ist.

2 **Schreiben Sie zu diesem Artikel einen Leserbrief.**

Schritt 1 Welche Meinung haben Sie? Wählen Sie eine der beiden Möglichkeiten.

Wenn jemand in den Bergen verunglückt und mit dem Hubschrauber gerettet wird,	
a soll der Staat das bezahlen.	b soll er selbst dafür zahlen.

Schritt 2 Warum sind Sie dieser Meinung?

a Ein Bergunfall kann jedem passieren, auch ohne Schuld. b Die Kosten für die Rettung sind für den Einzelnen zu hoch. c Das Opfer hatte schon genug zu leiden.	d Jeder ist für sich selbst verantwortlich. e Wer abstürzt, war nicht vorsichtig genug. Strafe muss sein. f Wenn der Staat zahlt, nehmen die Leute die Gefahr zu wenig ernst.

Schritt 3 Was gehört alles zu einem Leserbrief?
Ordnen Sie die typischen Merkmale des Leserbriefs und das passende Beispiel zu.

Merkmal	Beispiel
Datum	Mit freundlichen Grüßen
Betreff	Herbert Mustermann
Anrede	Sehr geehrte Damen und Herren,
Unterschrift	Frankfurt, 17. März 20..
Gruß	Ihr Artikel zum Alpinismus

Schritt 4 Setzen Sie jetzt Ihren Leserbrief zusammen.
Sagen Sie,
- was Ihre Meinung zu dem Thema ist,
- warum Sie diese Meinung vertreten,
- wer bei Bergunfällen in Ihrem Heimatland die Kosten übernimmt.

Schließen Sie mit einem Gruß.

AB 118 21

3 **Kontrollieren Sie nach dem Schreiben Ihren Brief.**

Fragen Sie sich dabei:

a Habe ich die Sätze miteinander verbunden, d.h. Wörter wie *und, weil, deshalb* usw. verwendet?

b Habe ich alle wichtigen Merkmale der Textsorte *Leserbrief* verwendet?

1 Formen des Komparativs und Superlativs

ÜG S. 38

a regelmäßig

Grundform	Komparativ *-er-*	Superlativ *-(e)st-*
einfach	einfacher	am einfachsten
die einfache Klettertour	die einfachere Klettertour	die einfachste Klettertour

frisch wild	frischer wilder	frischest- wildest-	mehrsilbige Adjektive auf -d, -s, -sch, -ss, -ß, -t, -tz, -x, -z

b unregelmäßig

Grundform	Komparativ *-er-*	Superlativ *-(e)st-*	Besonderheiten
gut viel, viele gern	besser mehr lieber	best- meist- liebst-	ganz anderes Wort
hart groß jung	härter größer jünger	härtest- größt- jüngst-	Umlaut a, o, u – ä, ö, ü
nah hoch	näher höher	nächst- höchst-	Konsonantenwechsel h – ch
dunkel teuer trocken	dunkler teurer trock(e)ner	dunkelst- teuerst- trockenst-	Vokalverschleifung Adjektive auf -el (wie *dunkel)* Adjektive auf -er (wie *teuer)* Adjektive auf -en (wie *trocken)*

2 Stellung des Superlativs

	Superlativ beim Nomen		Superlativ beim Verb	
Kasus	Singular	Plural	Singular	Plural
Beispiel Nominativ	m: der höchste Berg f: die höchste Spitze n: das höchste Niveau	m/f/n: die höchsten Berge/Bergspitzen/ Niveaus	m/f/n: Der Berg/Die Bergspitze/Das Niveau ist am höchsten.	m/f/n: Die Berge/Die Bergspitzen/Die Niveaus sind am höchsten.

3 Vergleichkonstruktionen: *wie* oder *als*

Grundform	(nicht) so ... wie, genauso ... wie	*Die Zugspitze ist nicht so hoch wie der Montblanc.*
Komparativ +	... als	*Der Montblanc ist höher als die Zugspitze.*

4 Ordinalzahlen

ÜG S. 42

a Wortbildung

Zahl	Wortstamm	+	Adjektivendung
1.	erst-		der erste Mensch
3.	dritt-		das dritte Kind
2.; 4. – 19.	zweit- vier-	 t	die zweite Frau den vierten Achttausender
20. usw.	zwanzig-	st	auf der zwanzigsten Bergtour

b Deklination. Die Ordinalzahlen werden wie ein Adjektiv dekliniert.

Kasus	Singular mit bestimmtem Artikel	Plural mit bestimmtem Artikel	Singular ohne Artikel
Beispiel Nominativ	m: der erste Mensch f: die zweite Frau n: das dritte Kind	m/f/n: die ersten Menschen	m: als vierter Sohn f: als zweite Tochter n: als drittes Kind

MODE

10

Sehen Sie sich das Bild eine Minute lang aufmerksam an.

Schließen Sie dann das Buch.

a) Beschreiben Sie den Mann auf dem Foto.

b) Was für ein Charakter könnte hinter diesem Äußeren stecken? Was meinen Sie?

c) Was wird er wohl von Beruf sein?

d) Kennen Sie diesen Mann? Ist er

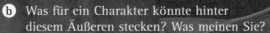

- ☐ Franz Beckenbauer?
- ☐ Karl Lagerfeld?
- ☐ Günter Grass?

AB 122 2

LESEN 1

1 Berühmte Modeschöpfer

a Welche berühmten Modeschöpfer kennen Sie?

b Was würden Sie in einem Buch über berühmte Modeschöpfer gern über diese Personen erfahren? Notieren Sie einige Stichpunkte.
Beispiele: *Herkunft, Anfänge in diesem Beruf, ...*

2 Lesen Sie nun einen Artikel über Karl Lagerfeld.

Überprüfen Sie, ob Ihre wichtigsten Fragen beantwortet sind.

Für die Öffentlichkeit spielt er den verwöhnten Aristokraten von grenzenloser Freiheit in seinen Interessen – einen, der über den Regeln steht, wenn er sie brechen will, nicht jedoch, wenn er sie in Stein graviert. Karl Lagerfelds Kleider und Markennamen sind sehr verschieden, doch fast alles ist das Beste in seiner Klasse. Als Designer ist er ein Virtuose, als Person eher zum Fürchten.

Er wurde 1938 als Sohn eines skandinavischen Industriellen und dessen westfälischer Frau geboren. Von früh an zeigte er seine besondere Neigung zu Kunst, Sprachen, Geschichte – und gehobenem Lebensstil. Eine Anekdote berichtet, er habe sich zu seinem vierten Geburtstag einen Diener gewünscht – den er allerdings nicht bekam. Eine seiner frühesten Jugenderinnerungen ist angeblich, wie er diesem (nicht existierenden) Kammerdiener beibringt, einen Hemdkragen korrekt zu bügeln. Als seine Familie nach Paris zog, wurde die Mode zu einem seiner vielen Interessengebiete. Während er noch das Gymnasium besuchte, durfte er seine Mutter auf ihrer Runde zu den „Modemachern" begleiten.

1954, im Alter von 16 Jahren, gewann er den ersten Preis für Damenmäntel in einem internationalen Wettbewerb. Ein anderer Sechzehnjähriger, Yves Saint-Laurent, gewann denselben Preis für seine Kleider. Pierre Balmain nahm Lagerfelds siegreichen Entwurf in seine Produktion auf und machte den jungen Mann zum Assistenten in seinem Designerteam. Nach dreieinhalb Jahren wurde es Lagerfeld dort zu langweilig, und er wurde zum Chefdesigner im Haus Patou. Dieses Mal fühlte er sich dort schon nach einem Jahr nicht mehr wohl.

Lagerfelds nächste Verbindung ergab sich mit dem noch jungen Haus Chloé. Bis zum Jahr 1970 hatte Lagerfeld diesem Haus einen Namen gemacht. Er und Chloé waren für die nächste Dekade bekannt für einen Look von besonderer Leichtigkeit. Er schnürte seidene Blusen um die Taille wie Strickjacken, wickelte Schals um Hüfte, Taille, sogar um den Oberarm und um hochstehende Kragen in einem Look, den man „byronesk"[1] nannte.

Die meisten seiner Kleider wurden für ihre einfache und moderne weibliche Linie gelobt. Doch gab es auch einen Hang zur Fülle in Lagerfelds Entwürfen: geknöpfte Handschuhe mit Spielkartenmotiven, seidene Fächer und Sonnenschirme. Später gab es aufgestickte diamantglitzernde Gitarren und sprudelnde Wasserhähne.

[1] nach Lord Byron, englischer Dichter, 1788–1824

a Lagerfelds Auftreten nach außen

b ....

c ....

d ....

e ....

f ....

g ....

h ....

1983 wurde Lagerfeld künstlerischer Direktor des Hauses Chanel, das zu der Zeit noch nicht bekannt war.
Sein Ruf als Wunderknabe hängt vor allem mit seiner ungewöhnlichen Vielseitigkeit zusammen sowie mit seinem großen Bestreben, unabhängig zu bleiben. Er gründete nie eine eigene Firma, er nahm sich vielmehr die Freiheit, überall hingehen zu können, wo er gerade Spannung und Amüsement erwartete.

i 

3 Welche Stichworte passen zu welcher Textstelle?

Ordnen Sie sie in der rechten Randspalte zu.

Lagerfelds Auftreten nach außen

Entdeckung der Mode

seine Produkte – genial

Abstammung und Herkunft

erster großer Erfolg als Designer

Schaffung eines neuen leichten Stils

Gründe für den Erfolg

seine ersten Arbeitgeber

Kontraste zur „einfachen Linie"

AB 122 3

GR 4 Beschreibungen

GR S. 128/1,2

Kreuzen Sie an. Beschreibungen von Personen oder Kleidungsstücken enthalten besonders viele

☐ Verben. ☐ Präpositionen. ☐ Adjektive und Partizipien.

GR 5 Partizip in Adjektivfunktion

Ergänzen Sie aus dem Text Nomen mit Adjektiven und Nomen mit Partizipien in Adjektivfunktion.

Nomen + Adjektiv	Nomen + Partizip I	Nomen + Partizip II
von grenzenloser Freiheit	diesem nicht existierenden Kammerdiener	den verwöhnten Aristokraten gehobenem Lebensstil

AB 122 4

GR 6 Ergänzen Sie die Regeln.

Das Partizip I in Adjektivfunktion bildet man aus der Partizip-I-Form (Infinitiv
ⓐ des Verbs + …………………) + Adjektivendung.
Das Partizip II in Adjektivfunktion bildet man aus der Partizip-II-Form
ⓑ des Verbs + ………………… .

Partizip in Adjektivfunktion	Bildung	Beispiel
Partizip I	Infinitiv + *d* + Adjektivendung	*existieren-d-en*
Partizip II	Partizip II + Adjektivendung	*verwöhnt-en*
		gehoben-em

AB 123 5–6

1 **Spiel: Kleidertausch**

Die Klasse teilt sich in zwei Gruppen. Die beiden Gruppen stellen sich einander gegenüber auf. Die Spieler merken sich möglichst genau, wie die Mitglieder der anderen Gruppe gekleidet sind. Dann drehen sich die Gruppen jeweils um und tauschen innerhalb einer Gruppe 8 bis 10 Kleidungsstücke aus. Nun drehen sie sich wieder einander zu. Jede Gruppe muss nun möglichst schnell alle in der anderen Gruppe vertauschten Kleidungsstücke herausfinden. Gewonnen hat die Gruppe, die es zuerst geschafft hat.

(Pedro) hat mit ... den Pullover getauscht.
... trägt jetzt (Annas) Armbanduhr.

2 **Projekt: Modenschau**

a) Sehen Sie sich die Fotos an. Was tragen die Personen? Beschreiben Sie die Kleidungsstücke. Der Wortschatz im Kasten unten hilft Ihnen dabei.

b) Schneiden Sie nun aus Zeitschriften, Magazinen und Katalogen Fotos von modisch gekleideten Personen aus. Stellen Sie in Kleingruppen eine Modekollektion Ihrer Wahl zusammen und kleben Sie die gewählten Fotos auf ein großes farbiges Blatt Papier.
Formulieren Sie kleine Werbetexte zu den Fotos.

Hier sehen Sie den neuesten Hit für den Sommer/Winter: Ein/e ...
Dazu empfehlen wir ein/eine/einen ...
Sehr geschmackvoll ist auch ...
Der Mann / Die Dame von Welt braucht heutzutage unbedingt ...
Für kühle Regentage / milde Frühlingstage gibt es jetzt ...

Kleidungsstück	Schuhe	Accessoires	Farben	Muster und Schnitt	Material aus ...
der Anzug, ¨-e	der Halbschuh, -e	der Hut, ¨-e	grün	einfarbig, uni	Baumwolle
die Bluse, -n	der Stiefel, -	die Mütze, -n	gelb	bunt	Synthetik
das Hemd, -en	der Pumps, -	das Stirnband, ¨-er	blau	kariert	Wolle
die Hose, -n	die Sandale, -n	der Handschuh, -e	rot	gestreift	Seide
die Jeans, -	der Turnschuh, -e	der Schal, -s	braun	geblümt	Leinen
die Jacke, -n	der Wanderschuh, -e	das Tuch, ¨-er	schwarz	knielang	Samt
das Kleid, -er	mit dicker Sohle	die Krawatte, -n	weiß	mini	Leder
das Kostüm, -e	mit hohem Absatz	die Fliege, -n	grau	wadenlang	Wildleder
der Pullover, -	zum Schnüren	der Gürtel, -	lila	bodenlang	Lack
der Rock, ¨-e	mit Reißverschluss	die Halskette, -n	türkis	eng	Pelz

AB 123 7

c) Wahl des besten Designerteams: Nach der Vorstellung der Kollektionen folgt eine Bewertung. Jede/r kann für die Kollektionen der anderen Gruppen 0–3 Punkte vergeben, ihre/seine eigene Gruppe darf sie/er nicht bewerten. Die Gruppe mit den meisten Punkten hat gewonnen.

LESEN 2

1 **Sehen Sie sich den folgenden Text kurz an, ohne ihn genau zu lesen.**

a) Aus was für einem Buch könnte er stammen?
b) Was ist typisch für diese Textsorte?

2 **Inhalt**

a) Worum geht es in dem Text?
b) Warum ist der Text in zwei Abschnitte unterteilt?

Mode (frz.) *die*, **1)** allg. der sich wandelnde Geschmack in Kultur, Zivilisation und Lebensweise. M. wird kurzfristig verursacht. Sie wird oft von einzelnen Produzenten gemacht und gesteuert. Soziologie: Im Gegensatz zu den relativ dauerhaften sozialen Institutionen und Verhaltensweisen werden unter M. alle jene sozialen Erscheinungen zusammengefasst, die kurzlebig sind und sich v. a. in Sprache, Kleidung, Tanz, manchen Konsum- und Freizeitgewohnheiten (Sport, Touristik), aber auch in der Wohnweise äußern. Die Soziologie der M. beschäftigt sich v. a. mit den Fragen, wie bestimmte Neuerungen in kurzer Zeit zu einer weitverbreiteten M. werden, inwieweit Moden einen sozialen Wandel signalisierten und ob M. eher ein Medium der Anpassung oder der individuellen Selbstdarstellung sind.
2) im engeren Sinn die zu einer bestimmten Zeit herrschende Art, sich zu kleiden (nach Schnitt, Form, Farbe, Material). Die M. wurde immer nur von einer kleinen Schicht im jeweiligen Zeitalter bestimmt: Bis zur Frz. Revolution war es der Adel, im 19. Jh. trat das internationale Großbürgertum hinzu. Das Entstehen einer M.-Industrie und die Verwendung von Kunststoffen ließen immer mehr Menschen am schnellen Wechsel der M. teilhaben. Film, M.-Zeitschriften, Modenschauen und zunehmender Wohlstand nach dem 2. Weltkrieg tragen zur Verbreitung bei. – Während die M.-Industrie für ständige Neuerungen im Material der Kleidung sorgt, ist der Wandel der modischen Linie das Werk des Modeschöpfers, bes. seit Entstehen der „Haute Couture“ um die Mitte des 19. Jh. Die bekanntesten, z. T. noch bestehenden Häuser waren Worth, Lanvin, Poiret, Patou, Schiaparelli, Balmain, Balenciaga. Nach 1945 traten bes. Dior, Cardin, Ricci, Chanel, Saint-Laurent, Schuberth, Armani hervor. In Dtl. sind führend die Ateliers von Glupp, Oestergaard und Richter.

10

3 **Lesen Sie den Lexikonartikel nun genauer.**

Vergleichen Sie die Definition in Spalte 1 mit der in Spalte 2.
Welche Stichworte kann man welcher Spalte zuordnen?

- [1] Mode als soziale Erscheinung
- [ ] die Art, wie man sich kleidet
- [ ] Frage: Wie entsteht Mode?
- [ ] Geschichte der Mode
- [ ] Modeindustrie und Stoffe
- [ ] plötzliches Auftreten und Verschwinden
- [ ] nicht nur auf Kleidung bezogen
- [ ] der Modeschöpfer macht den Stil
- [ ] Bedeutung der Mode für das Individuum

4 **Erklären Sie die Abkürzungen aus dem Lexikonartikel.**

frz. = *französisch*	allg. = ...
M. = ...	bes. = ...
Jh. = ...	v. a. = ...
Dtl. = ...	z. T. = ...

AB 123 8

5 **Modeströmungen**

Was sind die derzeitigen Modeströmungen (nicht nur in Bezug auf Kleidung) in Ihrem Heimatland? Was halten Sie davon?

AB 124 9

HÖREN 1

1 **Kennen Sie ein Märchen, in dem *böse Stiefschwestern, Tauben* und *ein goldener Schuh* eine wichtige Rolle spielen?**

Wie heißt das Märchen und wovon handelt es?

2 **Sehen Sie sich die Bilder an und hören Sie das Märchen *Aschenputtel*.**

CD 2 | 17–20

Nummerieren Sie während des Hörens oder danach die Bilder in der richtigen Reihenfolge.

3 **Hören Sie das Märchen nun noch einmal in vier Abschnitten.**

Lesen Sie die Aufgaben zu jedem Abschnitt vor dem Hören.

Abschnitt 1 CD 2 | 17

a In welchen Bildern ist dieser Abschnitt dargestellt?

b Formulieren Sie mithilfe folgender Stichworte den Anfang des Märchens.

reicher Mann – todkranke Frau – einzige Tochter – Versprechen – fromm – andere Frau – zwei Stiefschwestern – schreckliche Zeit – in der Asche liegen – Aschenputtel genannt – Vater: Markt – schöne Kleider, Perlen und Edelsteine – Zweig von Baum – Baum wächst – Wunsch erfüllen

Beginnen Sie so: *Es war einmal ein reicher Mann, dessen Frau todkrank war. Kurz bevor sie starb ...*

Abschnitt 2 CD 2 | 18

c In welchen Bildern ist dieser Abschnitt dargestellt?

d Formulieren Sie den Abschnitt in Ihren eigenen Worten.

König: Fest – Braut für Sohn – Stiefschwestern eingeladen – Aschenputtel will mit – Aufgabe: Linsen aus der Asche lesen – Vögel helfen picken – trotzdem Verbot – am Grab: Kleider – Fest: niemand erkennt Aschenputtel

Abschnitt 3 CD 2 | 19

e In welchem Bild ist dieser Abschnitt dargestellt?

f Formulieren Sie den Abschnitt in Ihren eigenen Worten.

Königssohn – tanzen – Aschenputtel: ins Taubenhaus – Königssohn sucht – zweiter Tag: Kleid und Schuhe am Grab – Fest – Trick des Königssohns – Treppe – Schuh bleibt kleben

Abschnitt 4 CD 2 | 20

g In welchen Bildern ist dieser Abschnitt dargestellt?

h Formulieren Sie den letzten Abschnitt in Ihren eigenen Worten.

Schuh passt wem? – heiraten – eine Stiefschwester probiert – Zeh ab – Blut – Tauben rufen – zweite Stiefschwester – Ferse ab – wird zurückgebracht – Schuh passt Aschenputtel – erkennt Tänzerin – Hochzeit – Strafe für Stiefmutter und Stiefschwestern

... Aschenputtel und der Prinz aber lebten glücklich und zufrieden bis an ihr Ende.

4 **Wie lautet die Moral dieses Märchens?** AB 124 10

SPRECHEN

1 Einkaufen gehen

Was machen Sie, wenn Sie etwas Neues zum Anziehen brauchen?

- ☐ Ich gehe ins nächstbeste Kaufhaus und finde meist innerhalb einer halben Stunde, was ich brauche.
- ☐ Ich bitte eine Freundin / einen Freund, mit mir einen Einkaufsbummel zu machen, damit sie/er mich beraten kann.
- ☐ Ich kaufe mir nie selbst etwas, sondern schicke meine Freundin / meinen Freund los, damit sie/er für mich etwas besorgt.
- ☐ Ich mache nichts von alldem, sondern ...

2 Hören Sie nun ein Gespräch während eines Einkaufsbummels.

CD 2|21

Ergänzen Sie nach dem Hören die folgenden Sätze.

- a Der Mann möchte sich eine neue ________ kaufen.
- b Er nimmt die braune Lederjacke nicht, denn sie ist zu ________.
- c Die dunkelgrüne Jacke braucht er in Größe ________.
- d Die Freundin rät ihm, die Jacke zu ________.

3 Rollenspiel: Im Kaufhaus

Sie gehen in eine Boutique oder in ein Kaufhaus, weil Sie ein neues Kleidungsstück brauchen. Lassen Sie sich von Ihrer Freundin / Ihrem Freund beraten und bitten Sie anschließend eine Verkäuferin / einen Verkäufer um Hilfe. Erarbeiten Sie in Dreiergruppen mithilfe der Redemittel unten ein Gespräch.

Kunde/Kundin	***Berater/in***	***Verkäufer/in***
Eigentlich brauche ich mal wieder ...	*Probier doch mal ... an.*	*Kann ich Ihnen behilflich sein?*
Ich sollte mir mal ... kaufen.	*Das steht dir gut / nicht so besonders.*	*Bitte, gern.*
Sehen wir uns doch mal hier um, ...	*Wie wär's denn mit ...?*	*Die/Den/Das haben wir leider nur noch in Dunkelblau.*
Hier hängt ein(e) ...	*Die/Der/Das gefällt mir viel besser.*	*Die sind schon alle verkauft.*
Wie findest du ...?	*Die wird dir zu kurz / zu ... sein.*	*Ich hätte noch ein/e/n ...*
Wie sieht ... aus?	*Frag doch mal, ob die/der/das ... nicht in einer anderen Größe da ist.*	*Die/Der/Das wird Ihnen bestimmt gefallen.*
Das ist mir zu teuer / zu dunkel / ...	*Die/Den/Das würde ich nehmen.*	
... gefällt mir besser/gut/...	*Vielleicht sollten wir woanders schauen.*	
Ja, da hast du recht.		
Die/Den/Das nehme ich.		

AB 125 11

GR 4 *werden* + Infinitiv

GR S. 128,3

Die Freundin sagt im Gespräch: „Die wird nicht ganz billig sein." Was drückt sie aus?

☐ Eine Vermutung. ☐ Etwas Zukünftiges. ☐ Ein passives Geschehen.

GR 5 Suchen Sie in den Redemitteln weitere Formulierungen mit *werden* + Infinitiv.

Formulieren Sie die Sätze mit einem Ausdruck der Vermutung um.

werden + Infinitiv	Ausdruck der Vermutung oder Erwartung
Die wird nicht ganz billig sein.	Die ist vermutlich nicht ganz billig. Ich bin fast sicher, dass sie nicht ganz billig ist.

AB 125 12–13

1 **Sehen Sie sich die Bilder oben an.**

Zu welcher Zeit passen die einzelnen Bilder wohl?

2 **Damen- oder Herrenmode?**

Entscheiden Sie, ob Sie sich lieber mit Damenmode oder mit Herrenmode beschäftigen wollen. Setzen Sie sich in entsprechenden Gruppen zusammen. Die Gruppe „Damenmode" bearbeitet die Aufgaben 3 und 4, die Gruppe „Herrenmode" die Aufgaben 5 und 6. Beide Gruppen lösen anschließend die Aufgaben 7 und 8.

3 **Damenmode in den verschiedenen Jahrzehnten**

Lesen Sie die Beschreibungen und ordnen Sie die Texte den Bildern A bis E zu.

Zeit	20er-Jahre	30er-Jahre	60er-Jahre	70er-Jahre	90er-Jahre	ab 2000
Bild	B					

20er-Jahre
In diesem Jahrzehnt wurden die Kleider kürzer und leichter. Sie waren aus Seide, Crêpe de Chine oder Rayon. Oft waren Arme und Beine sichtbar. Man trug beigefarbene Strümpfe, um den Eindruck nackter Haut zu erwecken.

30er-Jahre
Die Depression beeinflusste die Mode der 30er. Damenkleider wurden nüchterner, waren oft einfarbig, die Röcke wurden wieder länger. Die Gesamtform war eher körperbetont und der Hut war ein fester Bestandteil der Ausgehkleidung.

60er-Jahre
Dieses Jahrzehnt erlebte eine Fülle von Stilrichtungen, doch die 60er werden für immer die Zeit des Minirocks bleiben. Für die extrem kurzen Röcke erfand man die bis heute unentbehrliche Strumpfhose.

70er-Jahre
Es ging wieder abwärts – bodenlange Gewänder bestimmten die Hippiemode in den 70ern. Pflegeleichte, synthetische Fasern, Patchworkmuster und Schuhe mit Plateausohlen kamen jetzt erst richtig zur Blüte.

90er-Jahre
Getragen wird, was gefällt. Individualismus steht im Vordergrund. Es gibt eine Verlagerung hin zu einem lässigeren, bequemeren Stil, der so gut wie keinem Modediktat unterworfen ist.

Anfang des neuen Jahrtausends
Mit einer Hommage an die späten 50er, 60er und 70er werden Miniröcke und knielange Röcke mit Blusen, Shirts und Strumpfmode in kräftigen Knallfarben gemixt. Plastikaccessoires, Ballonmützen und große Knöpfe runden die fröhlichen Outfits ab.

4 **Suchen Sie Stellen im Text, die jeweils zu einem Bild passen.**

Bild	Text
A	
B	Kleider kürzer und leichter, Arme und Beine sichtbar, beigefarbene Strümpfe
C	
...	

LESEN 3

5 **Lesen Sie die Beschreibungen der Herrenmode in den verschiedenen Jahrzehnten.**

Ordnen Sie die Texte den Bildern A bis E zu.

Zeit	20er-Jahre	30er-Jahre	60er-Jahre	70er-Jahre	90er-Jahre	ab 2000
Bild	A					

20er-Jahre
Als Freizeitkleidung waren die Plusfour in den 20ern äußerst beliebt. Die weiten Hosen, deren Name sich von der Tatsache ableitet, dass sie vier Zoll (10 cm) bis unter das Knie reichten, waren meist aus Tweed gefertigt.

30er-Jahre
Die ideale männliche Linie war jetzt: breite Schultern und enge Hüften. Dem wurde der Schnitt des doppelreihigen Anzugs mit Schulterpolstern gerecht. Die weit geschnittenen Hosenbeine waren mit Aufschlag. Ohne Hut ging „Mann" nicht aus dem Haus.

60er-Jahre
In den 60ern erlebte die Männermode einen radikalen Wandel. Die Anzüge und Krawatten blieben im Schrank, und man kombinierte beispielsweise Hosen mit Lederjacke und Rollkragenpullover.

70er-Jahre
Nun wurden farbige Kleider für junge Männer in den Boutiquen verkauft. Jeans, an Hüften und Oberschenkeln anliegend und ab dem Knie weiter werdend, kamen in Mode.

90er-Jahre
Die Stimmung ist umgeschlagen. Weichen, natürlichen Stoffen wie Leinen und Seide wird der Vorzug gegeben. Hemden werden häufig über der Hose getragen.

Anfang des neuen Jahrtausends
Der „gerippte Klassiker" in Form eines Cordanzuges ist wieder im Kommen, vor allem, wenn er im Team auftritt: mit bunt gestreiften Schals und wild gemusterten Hemden, die ihm die nötige Lässigkeit verleihen.

10

6 **Suchen Sie Stellen im Text, die jeweils zu einem Bild passen.**

Bild	Text
A	die weiten Hosen; sie reichten 10 cm unter das Knie, aus Tweed gefertigt
B	
C	
...	

7 **Berichten Sie jeweils der anderen Gruppe, welches Bild zu welcher Zeit gehört.**

Beschreiben Sie kurz den abgebildeten Stil.

8 **Die Mode welcher Zeit gefällt Ihnen am besten? Warum?**

AB 126 14

1 Formeller Brief

Clara Müller hat einen Mantel aus einem Katalog bestellt. Als der Mantel geliefert wird, stellt sie fest, dass er ganz anders ist, als sie erwartet hat. Sie schreibt einen Brief an das Versandhaus. Wählen Sie aus den folgenden Bausteinen (a, b oder c) jeweils einen für Clara Müllers Brief aus. Schreiben Sie den Brief noch einmal ganz ab.

Absender
Empfänger

Ort, Datum

Betreff	a	Reklamation Ihrer Lieferung vom 22.11.
	b	Ich bin nicht zufrieden mit Ihrer Lieferung vom 22.11.
	c	Briefwechsel zu Ihrer Lieferung vom 22.11.
Anrede	a	Lieber Herr Geschäftsführer,
	b	Sehr geehrte Damen und Herren,
	c	Hallo,
Worum geht es?	a	vielen Dank für die Nachfrage nach dem Mantel, den ich heute bekommen habe.
	b	ich möchte bei Ihnen einen Mantel aus dem Katalog bestellen.
	c	heute erhielt ich von Ihnen einen Mantel, den ich am 18.11. schriftlich bestellt hatte.
Was ist der Grund?	a	Leider musste ich feststellen, dass der Mantel von minderer Qualität ist, obwohl es im Katalog „hochwertiger Stoff" heißt. Außerdem ist die Farbe nicht wie abgebildet, sondern viel rötlicher.
	b	Mein Mann hat gesagt, dass ihm der Mantel nicht gefällt, weil er nicht zu meiner Haarfarbe passt.
	c	Der Mantel ist schmutzig geworden, und ich habe ihn gewaschen. Jetzt ist er eingelaufen und passt mir nicht mehr.
Was will ich?	a	Sagen Sie mir bitte, was ich tun muss, damit mir der Mantel wieder passt.
	b	Ich möchte Sie daher bitten, den Mantel zurückzunehmen und mir den Kaufpreis zu erstatten.
	c	Ich würde mir gern noch ein paar Mäntel in anderen Farben ansehen.
Was soll passieren?	a	Können Sie mir vielleicht zwei oder drei Mäntel zuschicken, sodass ich mir einen passenden aussuchen kann?
	b	Ich akzeptiere auch, wenn Sie mir den Mantel etwas billiger geben.
	c	Anderenfalls werde ich meinen Rechtsanwalt einschalten.
Gruß	a	Liebe Grüße
	b	Mit freundlichen Grüßen
	c	Bis bald

2 Sehen Sie sich die Zeichnungen an.

Was gefällt den Kunden an der bestellten Ware nicht?
Verfassen Sie nun einen Beschwerdebrief für einen der Kunden.
Orientieren Sie sich dabei an dem Brief von Clara Müller.

AB 127 15

1 **Sehen Sie sich die Personen und ihre Kleidung an.**

a Was fällt Ihnen auf?

b Wie viele Jeans haben Sie in Ihrem Kleiderschrank?

c Zu welchen Gelegenheiten tragen Sie sie?

2 **Hören Sie nun eine Radiosendung zum Thema „Blue Jeans" in Abschnitten.**

Abschnitt 1 CD 2|22

Die Jeans – ein universelles Kleidungsstück

Markieren Sie, ob die folgenden Aussagen richtig oder falsch sind.

		richtig	falsch
a	Man kann an der Kleidung eines Menschen oft erkennen, was er gerade macht.	☐	☐
b	Überall auf der Welt tragen Menschen, egal ob arm oder reich, Blue Jeans.	☐	☐
c	Zu einem formelleren Anlass, z.B. in der Oper oder im Büro, trägt niemand eine solche Hose.	☐	☐
d	Die erste befragte Frau mag Jeans nicht so, weil der Stoff zu warm ist.	☐	☐
e	Die beiden Männer finden Jeans bequem, praktisch und schön.	☐	☐
f	Die zweite Frau liebt Jeans und zieht sie zu jeder Gelegenheit an.	☐	☐

Abschnitt 2 CD 2|23

Die Geschichte der Jeans

Ergänzen Sie die fehlenden Informationen.

g Der Erfinder der Jeans war ___________.

h Er folgte den Goldgräbern nach ___________ und eröffnete dort ein ___________.

i Die Hose, die er zusammen mit einem Schneider entworfen hatte, wurde schon bald im ganzen Land sehr gut ___________.

j Die beiden für das Kleidungsstück gebräuchlichen Namen „Jeans" und „Denim" kommen von den Städten ___________ und ___________.

k Aus der einen Stadt kam die Schnittform für die Hose, aus der anderen der ___________.

Abschnitt 3 CD 2|24

Pro und kontra Jeanstragen

Antworten Sie in Stichworten.

l Wie unterscheiden sich die vielen Jeans der Frau?

m Ist der Mann Jeansliebhaber? Warum (nicht)?

n Was trägt er gern?

Abschnitt 4 CD 2|25

Kritik an der Jeansproduktion

o Welche Punkte werden genannt? Kreuzen Sie an.

- ☐ Pflanzengifte bei der Baumwollproduktion
- ☐ zu niedrige Bezahlung der Arbeiter
- ☐ gefährliche Methoden beim Färben der Jeans
- ☐ schlechte Arbeitsbedingungen in den Fabriken
- ☐ Wirtschaftskrisen durch gesunkene Verkaufszahlen

AB 127 16–19

1 Partizip I und Partizip II in Adjektivfunktion

ÜG S. 44

Partizipien leitet man vom Verb ab, sie haben jedoch häufig die Funktion von Adjektiven.

Partizip I	Partizip I (Infinitiv + *d*) + Adjektivendung	*die hochstehenden Kragen*
Partizip II	Partizip II + Adjektivendung	*der verwöhnte Aristokrat* *mit geknöpften Handschuhen*

2 Bedeutungsunterschied zwischen Partizip I und Partizip II

a Das Partizip I als Adjektiv drückt aus, dass etwas gleichzeitig mit dem Verb des Satzes geschieht.

gleichzeitige Vorgänge – aktiv	Partizip-I-Konstruktion
Die Kragen stehen hoch. *Sie sind modern.*	*Die hochstehenden Kragen sind modern.*

b Das Partizip II als Adjektiv drückt meist ein Passiv aus.

Passivbedeutung	Partizip-II-Konstruktion
Die Handschuhe wurden geknöpft. *Der Aristokrat wird verwöhnt.*	*die geknöpften Handschuhe* *der verwöhnte Aristokrat*

3 *werden* + Infinitiv

ÜG S. 84

Die Konstruktion *werden* + Infinitiv hat häufig eine modale Funktion.

Sicherheit	*In Kürze wird man die neue Kollektion von Lagerfeld sehen.*
Vermutung/Erwartung	*Du wirst den Brief noch rechtzeitig bekommen!*
energische Aufforderung/ Drohung	*Dieses Kleid wirst du nicht kaufen.*
Warnung	*Du wirst dich erkälten.*

Die Konstruktion *werden* + Infinitiv kann sich auf die Vergangenheit, auf die Gegenwart oder auf die Zukunft beziehen.

Vergangenheit	*Franz wird sich auch eine neue Jacke gekauft haben.*	*Franz hat sich wohl auch eine neue Jacke gekauft.*
Gegenwart	*Die Jacke wird nicht ganz billig sein.*	*Die Jacke ist vermutlich nicht ganz billig.*
Zukunft	*Sie wird meiner Mutter gefallen.*	*Ich bin fast sicher, dass sie meiner Mutter gefällt.*

Achtung: Zukunft drückt man meist durch Präsens und Zeitangabe aus.
Beispiele: *Morgen früh gehen wir in die Stadt zum Einkaufen.*
Wollen wir nächste Woche zu der Modenschau gehen?

Arbeitsbuch
Lektion 6–10

LEKTION 6 – *Lernwortschatz*

Verben

auftreten
beschimpfen
bewundern
engagieren
entwerfen
frisieren
handeln von + *Dat.*
schminken
schreien
sich ausdenken
sich vorbereiten auf + *Akk.*

Nomen

der Abenteuerfilm, -e
der Action-Film, -e
der Amateurfilm, -e
die Aufnahme, -n
der Auftritt, -e
die Auszeichnung, -en
der Autor, -en
die Bühne, -n
der Darsteller, -
das Drehbuch, ¨-er
der Erfolg, -e
die Garderobe, -n
das Grab, ¨-er
die Handlung, -en
der Hauptdarsteller, -
der Held, -en
die Herkunft
der Kameramann, ¨-er
die Komödie, -n
das Kostüm, -e
der Kostümdesigner, -
der Krieg, -e
die Leinwand, ¨-e
das Make-up
der Produzent, -en
die Regie
der Regisseur, -e
die Rolle, -n
der Schauspieler, -
der Soldat, -en
der Star, -s
der Stummfilm, -e
die Szene, -n
das Temperament, -e
der Tonfilm, -e
der Umgang mit + *Dat.*
die Uraufführung, -en
die Werbung
der Western, -
der Zeichentrickfilm, -e

Adjektive/Adverbien

anhänglich
attraktiv (un-)
aufregend
begehrenswert
bewundert von + *Dat.*
charmant
dekadent
einfallsreich
einfühlsam
erfolgreich
ernst
extravagant
humorlos
klassisch
melancholisch
naiv
professionell (un-)
raffiniert
sachlich (un-)
schrecklich
selbstbewusst
selbstsicher
sinnlich
spannend
spektakulär (un-)
umstritten (un-)
unterhaltsam
witzig

Konnektoren

aus diesem Grund
da
daher
darum
denn
dennoch
deshalb
deswegen
obwohl
trotzdem

Ausdrücke

Aufnahmen machen
die Nerven verlieren
einen Film nominieren
einen Roman verfilmen
im Mittelpunkt stehen
jemanden im Stich lassen
mit jemandem in Streit geraten

6

1 **Wortschatz systematisieren** → **WORTSCHATZ**

Ordnen Sie Wörter aus der Wortliste in die Tabelle ein.

Welche Filme gibt es?	Was braucht man, um einen Film zu machen?	Personen beim Film	Wie kann man einen Film beschreiben?
Abenteuerfilme	*Drehbuch*	*Schauspieler*	*spannend*

zu Seite 71, 5

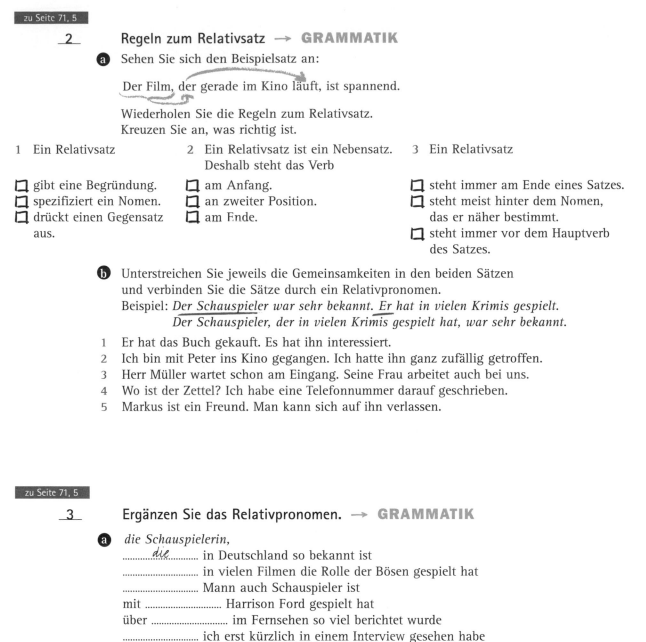

2 Regeln zum Relativsatz → GRAMMATIK

a Sehen Sie sich den Beispielsatz an:

Der Film, der gerade im Kino läuft, ist spannend.

Wiederholen Sie die Regeln zum Relativsatz.
Kreuzen Sie an, was richtig ist.

1 Ein Relativsatz

- ☐ gibt eine Begründung.
- ☐ spezifiziert ein Nomen.
- ☐ drückt einen Gegensatz aus.

2 Ein Relativsatz ist ein Nebensatz. Deshalb steht das Verb

- ☐ am Anfang.
- ☐ an zweiter Position.
- ☐ am Ende.

3 Ein Relativsatz

- ☐ steht immer am Ende eines Satzes.
- ☐ steht meist hinter dem Nomen, das er näher bestimmt.
- ☐ steht immer vor dem Hauptverb des Satzes.

b Unterstreichen Sie jeweils die Gemeinsamkeiten in den beiden Sätzen und verbinden Sie die Sätze durch ein Relativpronomen.
Beispiel: *Der Schauspieler war sehr bekannt. Er hat in vielen Krimis gespielt.*
Der Schauspieler, der in vielen Krimis gespielt hat, war sehr bekannt.

1 Er hat das Buch gekauft. Es hat ihn interessiert.
2 Ich bin mit Peter ins Kino gegangen. Ich hatte ihn ganz zufällig getroffen.
3 Herr Müller wartet schon am Eingang. Seine Frau arbeitet auch bei uns.
4 Wo ist der Zettel? Ich habe eine Telefonnummer darauf geschrieben.
5 Markus ist ein Freund. Man kann sich auf ihn verlassen.

6

zu Seite 71, 5

3 Ergänzen Sie das Relativpronomen. → GRAMMATIK

a *die Schauspielerin,*

..........die.......... in Deutschland so bekannt ist
.... in vielen Filmen die Rolle der Bösen gespielt hat
.... Mann auch Schauspieler ist
mit .... Harrison Ford gespielt hat
über .... im Fernsehen so viel berichtet wurde
.... ich erst kürzlich in einem Interview gesehen habe
von .... ein Foto in der Zeitung war
für .... nur Erfolg wichtig ist
mit .... ich mich gern über Filme unterhalten würde
.... Image so schlecht ist

b *der Film,*

.... ich letzte Woche im Kino gesehen habe
.... vor einem Jahr im Kino lief
.... du so toll findest
.... in Deutschland ein Flop war
.... Peter mir empfohlen hat
.... es jetzt als Video gibt
.... Regisseur Steven Spielberg war
über .... wir so viel gelacht haben
für .... du dich so interessierst

c *das Buch,*
.... zu dem Film geschrieben wurde
.... als Vorlage zu dem Film gedient hat
.... lange Zeit ein Bestseller war
.... Autor auch in Deutschland bekannt ist
über .... so viel in den Zeitungen geschrieben wurde
zu .... ein Film gedreht wurde
mit .... ich nichts anfangen kann
.... Sinn ich nicht verstanden habe
.... mich so gelangweilt hat

zu Seite 71, 7

4 Relativsätze → GRAMMATIK

Ergänzen Sie das Relativpronomen.

- **a** Ich glaube, es war Peter, ...dem.......... das mal wieder eingefallen ist.
- **b** Die Touristen, ... ich ein Hotel empfohlen habe, waren sehr freundlich.
- **c** Ich bin mit vielem, ... er gesagt hat, nicht einverstanden.
- **d** Du bist der Mann, auf .... ich mein ganzes Leben lang gewartet habe.
- **e** Die Universität, an .... wir studieren, liegt am Bodensee.
- **f** Da ist nichts dabei, ... mir gefallen hat.
- **g** Mir gefallen die Bilder dieses Künstlers, ... Ausstellung in der Kunstgalerie war.
- **h** Der Freund, ... du mir auf deinem Fest vorgestellt hast, war mir sehr sympathisch.
- **i** Ich kann diese Gabi, ... du ja gern magst, nicht leiden.
- **j** Wann kommt endlich die Pizza, ... ich vor einer Stunde bestellt habe?
- **k** Ich liebe den Kuchen, ... meine Oma immer macht.
- **l** Wo ist denn das Kino, ... immer alte Filme laufen?
- **m** Alles, ... ich gelernt habe, habe ich vergessen.

zu Seite 71, 7

5 Bilderrätsel → WORTSCHATZ/GRAMMATIK

Schreiben Sie Definitionen, benutzen Sie dabei einen Relativsatz.

Beispiel: Was ist ein Drehbuchautor?
Drehbuchautor: das Drehbuch + der Autor
Ein Drehbuchautor ist ein Autor, der das Drehbuch zu einem Film schreibt.

Was ist ...

ein Mondgesicht?

ein Notizbuch?

ein Liebesbrief?

ein Luftballon?

ein Bierbauch?

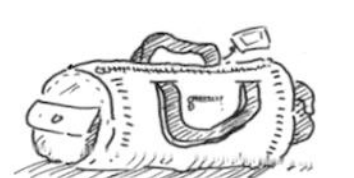
eine Reisetasche?

eine Brieftaube?

ein Stummfilm?

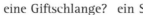

eine Giftschlange?

ein Seeräuber?

eine Flaschenpost?

ein Regenwurm?

zu Seite 71, 7

6 **Spiel: Personen raten → GRAMMATIK**

Jede Kursteilnehmerin / Jeder Kursteilnehmer schreibt fünf Relativsätze zu einer berühmten Person auf ein Blatt Papier und liest sie anschließend vor. Die anderen müssen raten, um welche Person es sich handelt.

Beispiele: *Es ist eine Person, die aus Deutschland kommt.*
Es ist jemand, der sehr reich ist.

zu Seite 72, 5

7 **Kreuzworträtsel → WORTSCHATZ**

Was gehört alles zum Thema *Film*? Füllen Sie das Kreuzworträtsel aus.

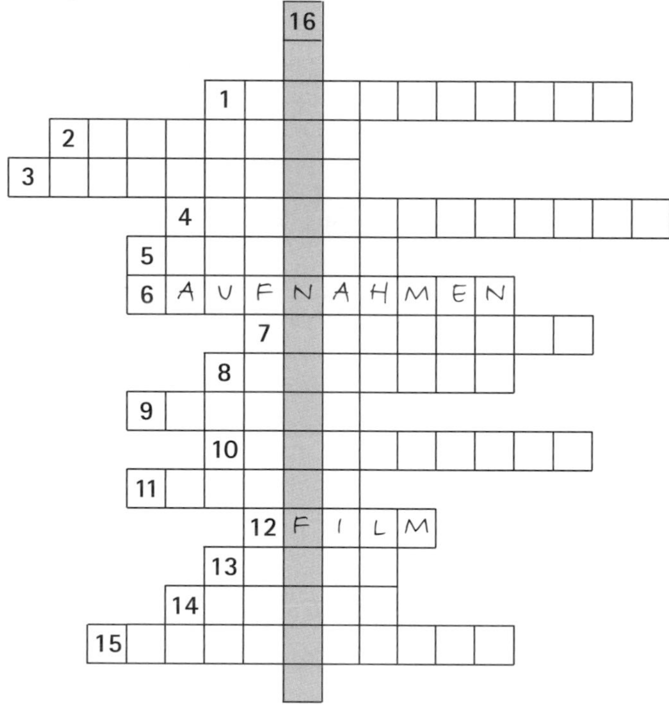

a Wichtig beim (12) sind nicht nur die (4), die die Szenen spielen, sondern natürlich auch die Leute hinter der (5).
b Zuerst müssen die Darsteller in die (11). Dort muss man sie (10), damit sie für ihre Rolle gut aussehen.
c Der Kameramann macht die (6) der verschiedenen Szenen.
d Der Platz, wo ein Film gedreht wird, heißt (8).
e Bevor es den Tonfilm gab, konnten nur (15) gedreht werden.
f Joseph von Sternberg hat die (9) in dem Film „Der Blaue Engel" geführt.
g Rainer Werner Fassbinder hat viele Filme gedreht. Er war einer der berühmtesten (1) der deutschen Filmgeschichte.
h Sollen wir mal wieder ins (13) gehen? Zurzeit gibt es ganz gute Filme.
i Nicht eine Komödie, sondern eine (7).
j Er hat die wichtigste (14) in dem Film gespielt.
k Zu jedem Film muss erst ein (3) geschrieben werden.
l Ich mag lustige Filme. Bei dieser (2) habe ich mich sehr amüsiert und viel gelacht.

16: Lösung: Walt Disney hat viele .... gemacht.

zu Seite 72, 5

8 Filmkritik: „Die furchtlosen Vier" → LESEN

a Lesen Sie die folgende Filmkritik und ergänzen Sie die fehlenden Wörter.

Zeichentrickfilm – Kinospaß – Musik – ~~Computerspezialisten~~ – Regisseur – Trickstudio – Sprecher – Fassung

DIE FURCHTLOSEN VIER

In dieser äußerst liebenswerten Variante der „Bremer Stadtmusikanten" kämpft eine Tierkapelle ums Überleben – und zeigt, wie gut deutscher Trickfilm sein kann.

Deutschland 1997

Regie/Produktion: Eberhard Junkersdorf, Jürgen Richter, Michael Coldewey

Sprecher: Mario Adorf, Sandra Schwarzhaupt, Peer Augustinski

Länge: 84 Minuten

Zeichentrick-Märchen

„Etwas Besseres als den Tod findest du überall", lautet das Motto von Hund Buster, Esel Fred, Katze Gwendolyn und Hahn Tortellini. Nachdem sie nur mit knapper Not ihren Besitzern entkommen sind, wollen sie ihr Glück als Straßenmusikanten machen. Durch Zufall landet das Quartett in Bremen. Dort hat ihnen der gemeine Dr. Gier das Singen verboten. Trotzdem geben sie ihr erstes Konzert. Statt Hund, Esel, Katze und Hahn aus der Stadt zu jagen, bietet ihnen Dr. Gier einen lukrativen Werbevertrag für den Mix-Max-Würstchenkonzern. Die Kapelle wird bald berühmt. Doch dann merken die Freunde, dass sie mit dem Vertrag auch ihre Seele verkauft haben. Aber so schnell geben die „Furchtlosen Vier" nicht auf.

Hintergrund

Drei Jahre arbeiteten 30 Zeichner und 120 ...Computerspezialisten... an dem Abenteuer, für das der .... und Produzent Eberhard Junkersdorf eigens ein .... gegründet hat. Neben der deutschen wird auch eine englische .... produziert.

Kritik

„Die furchtlosen Vier" sind ein gutes Beispiel dafür, dass der .... made in Germany den Vergleich mit Disney-Produktionen nicht zu scheuen braucht. Flotte .... , sehr gute .... wie Mario Adorf und jede Menge Situationskomik machen den .... perfekt.

b Die Geschichte von den Bremer Stadtmusikanten gehört zu den bekanntesten Märchen der Brüder Grimm.
Bringen Sie die folgenden Textstücke in die richtige Reihenfolge, sodass sich eine Zusammenfassung des Märchens ergibt. Achten Sie dabei auf die unterstrichenen Wörter.

1	2	3	4	5	6	7
A						

A Ein Esel wird von seinem Besitzer schlecht behandelt, geschlagen und schließlich aus dem Haus gejagt, weil er alt und nutzlos geworden ist.

B Die beiden lernen noch eine Katze und einen Hahn kennen. Alle vier beschließen, zusammenzubleiben und gemeinsam nach Bremen zu gehen, um dort Musik zu machen.

C Da entdecken die Tiere ein Haus, in dem eine Räuberbande gerade ein Fest feiert. Weil die vier essen und schlafen wollen, machen sie einen Plan, wie sie die Räuber aus dem Haus vertreiben können.

D Deshalb beschließt er, nach Bremen zu gehen, um dort glücklicher zu werden. Auf dem Weg trifft er einen Hund, der ebenfalls von seinem Herrn verstoßen wurde, und überredet ihn mitzukommen.

E Von nun an trauen sich die Räuber nicht mehr in ihr Haus zurück. Den Bremer Stadtmusikanten gefällt es in ihrem neuen Heim aber so gut, dass sie für immer dort bleiben.

F Als es auf dem Weg dorthin dunkel wird, suchen sie einen Platz, wo sie übernachten können.

G So kommt es zu dem berühmten Akrobatenstück: Esel, Hund, Katze und Hahn bilden eine Pyramide und machen laut Musik. Damit erschrecken sie die Räuber so sehr, dass diese in die Flucht geschlagen werden.

zu Seite 75, 7

9 Kausale Konnektoren → GRAMMATIK

a Welche Sätze passen zusammen?
Verbinden Sie die Sätze mit *weil* / *denn* / *deshalb* / *aus diesem Grund.*

Karin findet den Film toll.	ich mir oft deutsche Filme ansehe.
Mein Deutsch wird immer besser,	ist sie weltbekannt geworden.
Ich bin zu spät ins Bett gegangen,	der Film so langweilig war.
Ich bin im Kino eingeschlafen,	habe ich mir eine Videokassette über den Nationalpark „Bayerischer Wald" ausgeliehen.
Sie hat in einem berühmten Film mitgespielt.	ich habe im Fernsehen einen spannenden Film gesehen.
Ich liebe Naturfilme.	möchte ich ihn auch sehen.

(Beispiel: Karin findet den Film toll. — *deshalb* — möchte ich ihn auch sehen.)

b Schreiben Sie die Sätze in Ihr Heft und ordnen Sie sie den Gruppen 1, 2 und 3 (vgl. Kursbuch Seite 80, 2a) zu.

zu Seite 75, 7

10 Ergänzen Sie die Sätze. → GRAMMATIK

a Ich bin glücklich, weil ...
b Ich gehe ins Kino, denn ...

c Er liebt sie so sehr. Deshalb ...
d Ich habe ein schlechtes Gewissen, denn ...
e Deutschland gefällt mir (nicht), weil ...
f Ich werde leicht rot. Aus diesem Grund ...
g Ich ärgere mich, weil ...

zu Seite 75, 8

11 Konzessive Konnektoren → GRAMMATIK

Verbinden Sie die Sätze mit *aber/obwohl/trotzdem/dennoch.*

Beispiel: Ich habe nur Schlechtes über den Film gehört. Mir hat er ganz gut gefallen. (aber)

Ich habe nur Schlechtes über den Film gehört, aber mir hat er ganz gut gefallen.

a Er ist ein sehr bekannter Schauspieler. Er spielt in dem neuen Film nur eine kleine Nebenrolle. (obwohl)
b Ich hatte hohes Fieber. Ich bin ins Kino gegangen. (trotzdem)
c Er ist erst fünf Jahre alt. Er hat sich einen Krimi angesehen. (obwohl)
d Mein Deutsch ist eigentlich nicht schlecht. Ich habe den Film überhaupt nicht verstanden. (dennoch)
e Der Film war langweilig. Er hat eine sehr gute Kritik bekommen. (trotzdem)
f Ich sehe mir eigentlich nie Krimis an. Heute habe ich eine Ausnahme gemacht. (aber)

zu Seite 75, 8

12 *aber, obwohl, trotzdem, dennoch* → GRAMMATIK

a Ergänzen Sie die Sätze.
1 Er will Schauspieler werden, obwohl ...
2 Sie sind schon seit 20 Jahren verheiratet. Trotzdem ...
3 Sie ist Vegetarierin. Dennoch ...
4 Der Film war nicht schlecht, aber ...
5 Ich gehe heute ins Kino, obwohl ...
6 Sie ist sehr attraktiv. Trotzdem ...
7 Ich gehe heute Abend nicht ans Telefon, obwohl ...
8 Er hat den Film schon dreimal gesehen, aber ...

b Formulieren Sie die Sätze 1, 5 und 7 so um, dass sie mit dem Nebensatz beginnen.
Beispiel: *Obwohl er kein Talent hat, will er Schauspieler werden.*

zu Seite 75, 8

13 Gründe und Gegengründe → GRAMMATIK

Ergänzen Sie kausale oder konzessive Konnektoren.

a Ich habe Lust spazieren zu gehen, ...denn...... das Wetter ist so schön.
b Du bekommst einen dicken Kuss von mir, ... ich mich so über dein Geschenk gefreut habe.
c Ich wollte mal wieder deine Stimme hören. .... habe ich dich angerufen.
d Er hat immer schlechte Laune. .... kann er manchmal ganz nett sein.
e .... er sehr reich ist, ist er immer schlecht angezogen.
f Hier gibt es keine Universität. .... ist Anna nach dem Abitur nach München umgezogen.
g Er hat sich einen Computer gekauft, ... er nichts davon versteht.

h) Er macht sich nichts aus klassischer Musik. .... geht er in ein Bach-Konzert.
i) Soll ich das essen, ... ich überhaupt keinen Hunger habe?
j) Sie wohnt noch bei ihren Eltern, ... sie hat kein Geld für eine eigene Wohnung.
k) Sie hat sich schon viele Wohnungen angesehen, ... sie hat noch nicht die Richtige gefunden.

zu Seite 75, 9

14 Spiel: Geschichten erzählen → GRAMMATIK

Spiel

Eine Kursteilnehmerin / Ein Kursteilnehmer bildet einen Satz, der mit einem Konnektor endet. Die/Der Nächste muss diesen Satz beenden und einen neuen Satz hinzufügen, der ebenfalls mit einem Konnektor endet. Sie können alle Konnektoren benutzen (*weil/denn/deshalb/obwohl/trotzdem/und/aber/oder/als/wenn ...*)

Beispiel: Kursteilnehmer/in 1: *Frau Schulze wollte ins Kino gehen. An der Kinokasse wurde sie plötzlich ganz nervös, weil ...*
Kursteilnehmer/in 2: *weil sie ihr Geld vergessen hatte. Deshalb ...*
Kursteilnehmer/in 3: *Deshalb musste sie sich etwas ausdenken. Aber ...*

zu Seite 76, 1

15 Jenseits der Stille → LESEN

Videotipp

JENSEITS DER STILLE

Deutschland 1996 ***Regie:*** **Caroline Link**

Der deutsche Debüt-Film „Jenseits der Stille“ von Caroline Link war 1998 für den Oscar in der Kategorie „bester fremdsprachiger Film“ nominiert.

Bringen Sie die folgenden Textabschnitte in eine sinnvolle Reihenfolge.

ÜBER DAS LEBEN, DIE LIEBE UND DEN KLANG DES SCHNEES.

- [1] Das Mädchen Lara, Tochter gehörloser Eltern, bekommt zu Weihnachten von seiner Tante eine Klarinette geschenkt.
- [ ] Aber Lara entscheidet sich schließlich, auch wenn es sehr schwierig für sie ist, für das Leben „jenseits der Stille“. Das Erwachsenwerden und der langsame Abschied vom Elternhaus werden für Lara schmerzliche und traurige Erfahrungen.
- [ ] Da entdeckt sie ihre Liebe zur Musik und stößt dabei auf das Unverständnis ihrer Eltern, vor allem ihres Vaters.
- [ ] Die Welt der Musik und die Welt der Eltern, die nicht hören und sprechen können, scheinen nicht vereinbar, und Lara ist zwischen den beiden hin- und hergerissen.
- [ ] Mit 18 beschließt sie sogar, nach Berlin zu gehen, um dort die Aufnahmeprüfung für das Konservatorium zu machen.

zu Seite 76, 2

16 Situationen → SPRECHEN

Ordnen Sie den folgenden Situationen die passenden Sätze zu.
Schreiben Sie die Sätze fertig.

a Ihr Freund will sich einen Action-Film im Kino ansehen.
Sie mögen aber Action-Filme überhaupt nicht. Lehnen Sie höflich ab und machen Sie einen anderen Vorschlag.

b Ein japanischer Arbeitskollege möchte Sie zum Essen einladen.
Sie wollten schon immer einmal japanisch essen gehen.

c Ihr Freund will einen gemütlichen Videoabend verbringen. Sie haben keine Lust dazu. Machen Sie einen anderen Vorschlag.

d Sie möchten sich ein Fußballspiel im Fernsehen ansehen. Schlagen Sie Ihrer Frau / Ihrem Mann vor, ein paar Freunde einzuladen, damit Sie sich gemeinsam das Spiel ansehen können.

e Ihre Lehrerin findet, dass sich die Klasse auch einmal außerhalb der Schule treffen sollte. Sie möchte ein Klassentreffen am Wochenende organisieren.
Sie finden die Idee toll, haben aber am Wochenende keine Zeit. Sie machen einen Gegenvorschlag.

- ☐ „Das ist eine ……………………! Das wollte ich schon immer mal probieren."
- ☒ a „Ach, tut mir leid, diese Art von Filmen mag ich überhaupt nicht. Was hältst du ……………………?"
- ☐ „Das ist ein ……guter Vorschlag……! Aber leider habe ich schon etwas vor. Wir könnten uns aber natürlich ……………………."
- ☐ „Wie wär's, wenn wir ……………………."
- ☐ „Na ja, ich weiß nicht. Ich hätte ……………………. Lass uns doch ……………………!"

zu Seite 77, 3

17 Lerntipp → SCHREIBEN

Lerntipp

Selbstkorrektur
Wenn Sie im Kurs oder als Hausaufgabe einen Brief oder Aufsatz in deutscher Sprache geschrieben haben, tauschen Sie Ihre Texte mit einer anderen Kursteilnehmerin / einem anderen Kursteilnehmer aus und korrigieren Sie sich gegenseitig. Sprechen Sie anschließend über die Fehler. Schreiben Sie dann den ganzen Text noch einmal fehlerfrei in Ihr Heft.

a Lesen Sie folgende Filmkritik von einem nicht deutschsprachigen Schüler und korrigieren Sie die unterstrichenen Stellen.

Der Film mit <u>der</u> Titel „Knocking on Heaven's Door"[1] wurde im Jahr 1996 gedreht. Die Hauptrollen spielen Til Schweiger und Josef Liefers. …… dem ……
Die Handlung kann man in wenigen Sätzen so zusammenfassen: Martin Brest hat einen Tumor im Kopf und Rudi Wurlitzer hat Knochenkrebs. Diagnose: Beide sind so gut wie tot. Doch noch bleibt für <u>ihnen</u> ein bisschen Zeit, <u>um</u> leben. So intensiv, so verrückt wie niemals <u>vor.</u> Und da Rudi <u>möchte</u> einmal in seinem Leben das Meer …………
…………

sehen, ist es für Martin klar, ihm es zu zeigen. In ein gestohlenen Mercedes machen sie sich auf, ihr letztes großes Abenteuer zu leben, und lassen alles hinter sich: die Polizei, Killer und die Angst vor das Sterben.

Der Film ist spannend, es gibt viel Action, aber es fließt kein Blut. Die Schauspieler sind überzeugt. Trotzdem es viele lustige Dialoge und verrückte Szenen gibt, vergisst der Zuhörer nicht, dass es sich um ein ernstes Thema handelt.

Diese Mischung aus Komödie, Tragik und Action gefällt mir. Der Film ist optimistisch und macht Mut zum Leben.

[1] dt.: An der Himmelspforte anklopfen

b Schreiben Sie für die Kurszeitung eine Kritik zu einem Film, den Sie ganz toll oder ganz furchtbar fanden. Machen Sie sich zuerst Notizen zu folgenden Punkten und formulieren Sie dann ganze Sätze.

- **Information:** Nennen Sie den Titel des Films und was Sie sonst noch über ihn wissen.
- **Inhalt:** Fassen Sie kurz zusammen, um was es in dem Film geht.
- **Eigene Meinung:** Erläutern Sie kurz, warum Ihnen der Film gefallen / nicht gefallen hat (Schauspieler, das Thema, das Ende, die Geschichte, die Aufnahmen usw.).

c Tauschen Sie Ihre Filmkritik mit Ihrer Lernpartnerin / Ihrem Lernpartner aus und korrigieren Sie Ihre Texte gegenseitig.

zu Seite 78, 5

18 Interpretation: Lied → LESEN/WORTSCHATZ

Setzen Sie die folgenden Wörter in den Text unten ein.

Blumen – Gräbern – ~~Krieg~~ – Leben – Natur – Sinnlosigkeit – Tod – zerstört

„Sag mir, wo die Blumen sind" ist ein Lied gegen den ....Krieg.......... . Niemand bleibt im Krieg verschont. Alles wird .... – sowohl die Menschen als auch die .... Mit dem Refrain „Wann wird man je verstehen?" nach jeder Strophe werden die Aussichtslosigkeit und die .... eines Krieges zum Ausdruck gebracht. Das Lied ist zyklisch aufgebaut. Es beginnt mit den .... , die die Mädchen pflücken. Beide sind Symbol für das .... Die jungen Mädchen haben es noch vor sich. Dann jedoch bricht der Krieg aus, der den .... vieler Soldaten mit sich bringt. Die Mädchen, die zurückbleiben, pflücken jetzt die Blumen von den .... Text und Musik dieses weltbekannten Liedes sind von Pete Seeger; ins Deutsche wurde es von Max Colpet übersetzt. Es wurde in vielen Sprachen und von vielen verschiedenen Interpretinnen gesungen.

zu Seite 78, 6

19 Indirekte Fragesätze → GRAMMATIK

Formen Sie die folgenden Fragen in indirekte Fragen um.
Beginnen Sie mit: *Können Sie mir sagen, ... ?* oder *Wissen Sie, ... ?*
Beispiel: Wie heißt der Film?
Können Sie mir sagen, wie der Film heißt?

a Welche Schauspieler spielen mit?
b Wie lange hat der Film gedauert?
c Wer hat in dem Film mitgespielt?
d Wo wurde der Film gedreht?
e Wie viel hat die Filmproduktion gekostet?
f In welchem Kino kann ich mir den Film ansehen?

die Konsonanten pf – f – ps

1 LERNER-CD 1

Gedicht

a Hören Sie die erste Strophe eines Gedichts von Christian Morgenstern.

Schlaf, Kindlein, schlaf,
am Himmel steht ein Schaf;
das Schaf, das ist aus Wasserdampf
und kämpft wie du den Lebenskampf,
Schlaf, Kindlein, schlaf.

b Lesen Sie die Strophe laut.

2 LERNER-CD 2

Wortpaare *pf – f*

Welches Wort hören Sie? Unterstreichen Sie das Wort, das Sie hören.

Pflug	Flug
pflücken	Flüge
Pflaume	Flaum
Pflanze	Flamme
Pfote	Flotte
Kopf	Koffer
Apfel	Affe

3 LERNER-CD 3

Zungenbrecher

a Hören Sie die Texte von Josef Guggenmos einmal.

Fliegen, die fliegen, heißen Fliegen, weil sie fliegen,
aber Fliegen, die sitzen, heißen nicht Sitzen,
obwohl sie sitzen, sondern Fliegen, wie die Fliegen,
die fliegen.

Förster Franz und die Füchse
Förster Franz wollte fünf Fahrrad fahrende flinke,
flotte Füchse fangen, aber die fünf Fahrrad fahrenden
flinken, flotten Füchse fuhren im Forst flink und
flott auf und davon. Und klingelten zum Hohn.

b Sprechen Sie die Gedichte mehrmals schnell nach, möglichst ohne Fehler zu machen.

4 LERNER-CD 4

ps am Wortanfang

Hören Sie und sprechen Sie nach.

Psychothriller
Psychologe
Psychologie
Psyche
psychisch
Pseudonym
Psychiater
Psychotherapie
Psychosomatik

Lernkontrolle: Was haben Sie in diesem Kapitel gelernt?

Kreuzen Sie an.

Ich kann ...

Lesen

- ☐ ... einem Lexikon detaillierte biografische Angaben über die Regisseurin Caroline Link entnehmen.
- ☐ ... die Hauptinhaltspunkte eines Artikels über den Film *Der blaue Engel* aus einem Filmlexikon auffinden.
- ☐ ... Einzelheiten über den Film anhand von Schlüsselwörtern und Fragen verstehen.

Hören

- ☐ ... im Dialog einer Filmszene die Gefühle und Ziele der Figuren und ihre Beziehung zueinander verstehen.
- ☐ ... den Inhalt des gesungenen Liedes *Sag mir, wo die Blumen sind* erfassen.

Schreiben - Produktion

- ☐ ... einen Artikel für eine Kurszeitung über die eigene Lieblingsschauspielerin verfassen.
- ☐ ... eine einfache Filmkritik verfassen.

Sprechen - Produktion

- ☐ ... Personen auf einem Foto beschreiben und über die Filmhandlung spekulieren.
- ☐ ... Filmszenen aus *Nirgendwo in Afrika* interpretieren.
- ☐ ... nach Stichworten den Lebenslauf der Filmregisseurin Caroline Link zusammenfassen.
- ☐ ... die Ergebnisse eines Interviews präsentieren.

Sprechen - Interaktion

- ☐ ... in einem Planungsgespräch Vorschläge für einen Videoabend machen, begründen und mich mit jemandem auf einen Film einigen.
- ☐ ... ein Interview zum Thema *Deutsche Filme* bzw. *Deutsche im Film* durchführen.

Wortschatz

- ☐ ... allgemein verständliche Fachausdrücke zur Filmproduktion und zu Filmgenres verwenden.

Grammatik

- ☐ ... mithilfe kausaler und konzessiver Konnektoren Gründe und Gegengründe nennen.
- ☐ ... kausale und konzessive Sätze mithilfe verschiedener Satzstrukturen variieren.
- ☐ ... Relativsätze korrekt bilden.
- ☐ ... indirekte Fragen mit korrekter Wortstellung bilden.

Sprechen Sie mit Ihrer Kursleiterin / Ihrem Kursleiter über Tipps zum Weiterlernen.

Verben

abreisen
abstimmen auf + *Akk.*
ausgehen von + *Dat.*
ausreisen
bereisen
bitten um + *Akk.*
erforschen
gelangen zu + *Dat.*
herausnehmen
rechnen mit + *Dat.*
rollen
schleppen
sich leisten
teilnehmen an + *Dat.*
übernachten
verreisen
warten auf + *Akk.*

Nomen

das Abenteuer, -
das Angebot, -e
die Anreise, -n
die Anzeige, -n
die Arznei, -en
der Ausflug, ¨-e
die Ausrüstung, -en
die Bildungsreise, -n
der Campingplatz, ¨-e
die Checkliste, -n
die Dienstreise, -n
die Eisenbahn, -en
die Erholung
die Exkursion, -en
die Expedition, -en
die Fähre, -n
der Flughafen, ¨-
der Föhn, -e
das Gepäck
der Geschäftsführer, -
die Heimat
das Hotel, -s
die Individualreise, -n
die Jugendherberge, -n
die Klubreise, -n
die Kreuzfahrt, -en
der Kulturbeutel, -
der Kurzurlaub, -e
das Motel, -s
die Nachfrage
das Parfüm, -s
die Pauschalreise, -n
die Pension, -en
das Raumschiff, -e
die Reiseagentur, -en
der Reiseveranstalter, -
die Rückkehr
die Rucksacktour, -en
die Rundreise, -n
der Schalter, -
die Seife, -n
der Stau, -s
der Tarif, -e
die Unterhaltung
die Unterkunft, ¨-e
das Verkehrsmittel, -
die Währung, -en
die Weltreise, -n
das Wohnmobil, -e
der Wohnwagen, -
das Zelt, -e
das Ziel, -e
der Zwischenraum, ¨-e

Adjektive/Adverbien

außergewöhnlich
bepackt
bequem (un-)
ehemalig
empfindlich (un-)
geeignet (un-) für + *Akk.*
gewöhnlich (un-)
inklusive
komfortabel (un-)
sicherheitshalber

Ausdrücke

auf eigene Faust
Bescheid bekommen
das Geschäft boomt
das ist Schnee von gestern
den Horizont erweitern
einen Auftrag ausführen
Freude ausdrücken
Land und Leute kennenlernen
Sehnsucht haben nach + *Dat.*
sich Gedanken machen über + *Akk.*

7

1 **Spiel: Reise-Domino** → **WORTSCHATZ**

Bilden Sie kleine Gruppen. Fertigen Sie mit dem Wortschatz oben Dominokarten an. Auf der rechten Seite der Dominokarte sollte immer eine Frage stehen, auf der linken eine Antwort. Beispiele:

Auf einer Fähre.	Wohin fährst du in Urlaub?
Nach Amerika.	Wo übernachten wir?
In einem Zelt.	Wohin gehen wir jetzt?

Nun werden die Karten gemischt und an die Spieler verteilt. Diese legen eine Reihe mit den Karten und fügen dabei immer passende Fragen und Antworten zusammen. Gewonnen hat, wer zuerst keine Karten mehr hat.

zu Seite 83, 6

2 Testen Sie Ihre Grammatikkenntnisse! → GRAMMATIK

Sind Sie Spezialist/in für Präpositionen?
Machen Sie den folgenden Test. Kreuzen Sie die passende Präposition an. Für jede richtige Lösung gibt es einen Punkt. Lesen Sie anschließend die Auflösung.

a Er wohnt .... Salzburg.
☒ in ☐ aus ☐ nach

b Er ist .... die ganze Welt geflogen.
☐ um ☐ über ☐ in

c Man kann direkt .... Frankfurt fliegen.
☐ aus ☐ ab ☐ an

d Er ging seiner Freundin ....
☐ gegenüber ☐ entgegen ☐ heraus

e Sie haben sich .... Tanzen kennengelernt.
☐ zum ☐ vom ☐ beim

f Ich muss unbedingt .... Zahnarzt.
☐ zum ☐ beim ☐ vom

g Er segelte .... die Insel.
☐ zu ☐ an ☐ um

h Dieses Jahr machen wir Urlaub .... Türkei.
☐ in der ☐ in die ☐ in

i Komm endlich .... diesem eiskalten Wasser ....
☐ von ... aus ☐ aus ... heraus ☐ in ... raus

j Wir flogen von Berlin .... Hongkong nach Tokio.
☐ bis ☐ in ☐ über

k Er wohnt direkt .... die Ecke.
☐ an ☐ um ☐ neben

l Es regnet. Hol bitte die Wäsche .... Haus.
☐ nach ☐ ins ☐ zum

m Ich habe die Schlüssel .... der Rezeption abgegeben.
☐ in ☐ an ☐ zu

n Er muss noch schnell seine Badehose .... dem Hotelzimmer holen.
☐ von ☐ aus ☐ auf

o Wir starten .... Lissabon ....
☐ von ... aus ☐ aus ... von ☐ von ... her

AUSWERTUNG

14 bis 12 Punkte: Sie sind ein wirklicher Kenner der Präpositionen.
Eigentlich müssten Sie keine Übungen zu den Präpositionen mehr machen. Aber Sie wissen ja: „Übung macht den Meister!"

11 bis 9 Punkte: Na ja – nicht schlecht. Aber Sie müssen noch üben!
Machen Sie unbedingt noch die Übungen 5 und 6. Ihr Motto: „Ohne Fleiß kein Preis!"

Weniger als 9 Punkte: Oh je! Mit den Präpositionen klappt's noch nicht so gut.
Deshalb: Machen Sie alle Übungen zu den Präpositionen. Ein kleiner Trost: „Es ist noch kein Meister vom Himmel gefallen." Machen Sie die Übungen 3 bis 7.

LEKTION 7

zu Seite 83, 6

3 Lokale Präpositionen → GRAMMATIK

Ergänzen Sie die fehlenden Präpositionen.

aus – von – bei – nach

- a Kommst du in den Sommerferien mit ...nach... Österreich?
- b Frauke war .... Freunden in Tirol.
- c Mein Freund hat im Urlaub Leute .... der ganzen Welt kennengelernt.
- d Als ich aus dem Haus ging, kam er mir noch ....
- e Herr Schmitzer geht jeden Tag um 6 Uhr .... dem Haus.
- f Komm doch heute Abend .... uns vorbei.
- g Schau mal .... dem Fenster! Da kannst du die Berge sehen.
- h Gestern ist Boris .... einer Weltreise zurückgekommen.
- i Hol doch bitte mal die Cola .... dem Kühlschrank.
- j Sind Sie Deutsche? – Nein, ich komme .... der Schweiz.
- k Helmut hat .... Hannelore eine Postkarte .... Sri Lanka bekommen.

Zu Seite 83, 6

4 Wechselpräpositionen → GRAMMATIK

a Welche Präpositionen aus der Tabelle auf Seite 83 (Aufgabe 6) im Kursbuch können sowohl mit Dativ als auch mit Akkusativ stehen? Ergänzen Sie die Regel zu den Wechselpräpositionen.

- Folgende Präpositionen können mit Akkusativ oder Dativ stehen: in, an, auf ....
- Wenn ich „Wo?" (lokativ) frage, benutze ich den ....
- Wenn ich „Wohin?" (direktiv) frage, benutze ich den ....

b Ergänzen Sie den Artikel im Dativ oder im Akkusativ.

1 Bringen Sie bitte den Champagner auf d*as*........ Hochzeitszimmer.
2 Wir haben auf ein.......... sehr idyllischen Campingplatz übernachtet.
3 Er liegt den ganzen Tag in d.......... Sonne.
4 Ich habe vergessen, Sonnencreme in d.......... Koffer zu packen.
5 Du kannst diese Creme in d.......... Supermarkt dort drüben kaufen.
6 Daniel und Roberta fahren auf d.......... Malediven.
7 Gerti hat von morgens bis abends auf d.......... Terrasse gesessen und gelesen.
8 Stellen Sie den Koffer bitte neben d.......... Bett.
9 Wir können uns an d.......... Hotelbar treffen.
10 Wir sind mit dem Hubschrauber über d.......... Dschungel geflogen.
11 Ich schwimme lieber in d.......... großen Pool dort.
12 Setz dich doch nicht immer direkt vor d.......... Fernseher!
13 Er hat sich hinter ein.......... Baum versteckt.
14 Ich habe deinen Ring unter d.......... Sofa gefunden.

zu Seite 83, 6

5 Urlaubsziele → GRAMMATIK

Wo hat Familie Bauer Urlaub gemacht?

- a Hotel – Rügen
  in einem Hotel auf Rügen
- b Campingplatz – Bodensee
- c Pension – Bayerischer Wald
- d Hütte – Alpen
- e Insel – Karibik
- f Bauernhof – Österreich
- g Freunde – Paris
- h Schiff – Pazifik

7

zu Seite 83, 6

6 **Präpositionen mit Dativ oder Akkusativ → GRAMMATIK**

Ergänzen Sie die passenden Präpositionen und die Artikel im Dativ bzw. Akkusativ.

- a Fährst du diesen Sommer wieder ......zu...... d.en............ netten Leuten, die du damals kennengelernt hast?
- b Letztes Jahr war ich .... Freunden.
- c Er geht sogar .... schlechtem Wetter schwimmen.
- d Eine Mauer führt rund .... d.............. Altstadt.
- e Wir fahren .... Österreich nach Ungarn.
- f Trink nicht immer .... d.............. Flasche!
- g Können Sie mich bitte .... zur Bushaltestelle mitnehmen?
- h Ich habe gestern eine Reise .... Wien gebucht.
- i .... Turm .... kann man die Alpen sehen.
- j .... der Grenze sind es nur noch zehn Kilometer bis Salzburg.
- k Der Intercity .... Hamburg hatte 20 Minuten Verspätung.
- l Der Autofahrer kam .... rechts.

zu Seite 83, 6

7 **Gedichte → GRAMMATIK**

a Ergänzen Sie die fehlenden Präpositionen.

Die Ameisen

.... Hamburg lebten zwei Ameisen,
Die wollten .... Australien reisen.
Bei Altona .... der Chaussee[1],
Da taten ihnen die Beine weh,
Und da verzichteten sie weise
Dann auf den letzten Teil der Reise.

Joachim Ringelnatz

[1] breite Straße

Er hatte zu viel Geld.

Er hatte zu viel Geld,
drum reiste er .... die Welt.
Und knipste den Himalaya
und was er sonst so sah, na ja.

Josef Guggenmos

b Lernen Sie eines der Gedichte auswendig. Tragen Sie es mit Betonung in der Klasse vor.

zu Seite 84, 2

8 **Wortsalat → WORTSCHATZ**

Wie heißen die Wörter richtig? Nehmen Sie die Wörter im Kursbuch auf Seite 84 zu Hilfe.

- a Wir haben in einem T-L-O-H-E übernachtet. ....Hotel..........
- b Wir haben eine vierwöchige Reise mit dem S-K-Z-U-F-H-E-R-F-T-A-F-R-H-C-I auf dem Mittelmeer gemacht. ....
- c Als ich jung war, habe ich immer in einer R-E-G-H-B-E-G-J-D-N-E-R-E-U übernachtet, weil das billiger war. ....
- d Wir sind einen halben Tag in einem L-O-B-L-A-N über die Berge gefahren. ....
- e Die ganze Familie übernachtet auf dem A-I-N-P-M-A-L-T-P-G-C-Z. ....
- f Die Kinder im Zelt. Die Eltern im G-W-N-A-E-N-W-H-O. ....
- g Wir müssen mit der R-E-Ä-F-H auf die Insel übersetzen. ....
- h Opa ist mit seinem Kegelklub im E-E-B-I-U-S-R-S nach Südtirol gefahren. ....

LEKTION 7

zu Seite 84, 3

9 Urlaub → WORTSCHATZ

Ergänzen Sie jeweils ein passendes Wort.

- a Zug – fahren: Drachen – fliegen
- b Bahn – Bahnhof: Flugzeug – ……………
- c Platz – reservieren: Reise – ……………
- d Zug – ankommen: Flugzeug – ……………
- e Hotel – Zimmer: Campingplatz – ……………
- f Klubreise – Erholung: Dienstreise – ……………
- g Straßenbahn – Schienen: Fähre – ……………
- h Flugzeug – starten: Bus – ……………

zu Seite 84, 4

10 Bedeutungswandel durch Vorsilben → WORTSCHATZ

Ergänzen Sie die Sätze.

a reisen
ab- – ein- – ver-
1 Ich muss leider schon morgen abreisen. Mein Chef braucht mich in der Firma.
2 Wenn Sie in dieses Land …………… wollen, brauchen Sie ein Visum.
3 Ich möchte diesen Sommer für zwei Monate …………… .

b schlafen
aus- – ein- – ver-
1 Im Urlaub kann ich endlich mal …………… .
2 Stell den Wecker, damit wir nicht …………… .
3 Ich konnte gestern Nacht bis 3 Uhr nicht …………… .

c steigen
ab- – aus- – ein-
1 Komm schnell! Wir müssen ……………, sonst fährt der Bus ohne uns los.
2 Ich bin noch nie auf einem Kamel geritten. Es war ganz schön schwer zu …………… .
3 Ich muss an der nächsten Station …………… .

d lesen
ab- – durch- – ver-
1 Er konnte den Text nicht auswendig. Er musste ihn vom Blatt …………… .
2 Oh, Entschuldigung, da hab' ich mich …………… .
3 Ich habe das Buch in zwei Tagen ……………, weil es so spannend war.

zu Seite 85, 3

11 Was ist gemeint? → WORTSCHATZ

Kreuzen Sie die richtige Antwort an.

a „Wir haben uns das erste Mal für eine Klubreise entschieden."
- ☐ Wir sind das erste Mal mit unserem Tennisklub in Urlaub gefahren.
- ☐ Wir wollten in ein Hotel mit Nachtklub.
- ☒ Wir haben erstmals in einem Ferienklub Urlaub gemacht.

b „Das Sportangebot war ausgezeichnet."
- ☐ Man konnte viele Sportveranstaltungen besuchen, z.B. ins Fußballstadion gehen.
- ☐ Man konnte selbst viel Sport treiben.
- ☐ Man konnte billige Sportgeräte kaufen, z.B. Tennisschläger.

c „Von Land und Leuten bekommt man kaum etwas mit."
- ☐ Man erfährt wenig über die Kultur und die Menschen des Landes.
- ☐ Man kann keine Souvenirs mitnehmen.
- ☐ Man hat wenig Möglichkeiten, bei Exkursionen mitzufahren.

7

d „Wir sind mit dem Auto einfach drauflosgefahren."
- ☐ Wir sind schnell und riskant mit dem Auto gefahren.
- ☐ Wir sind ohne bestimmtes Ziel losgefahren.
- ☐ Wir sind auf ein Auto gefahren.

e „Ich reise lieber auf eigene Faust."
- ☐ In gefährlichen Ländern verteidige ich mich auch mal mit der Faust.
- ☐ Ich reise gern allein und möchte unabhängig sein.
- ☐ Ich bezahle lieber alles selbst.

zu Seite 85, 4

12 Lerntipp → SPRECHEN

Lerntipp

Freies Sprechen
Keine Panik, wenn Sie beim Sprechen nicht mehr weiterwissen oder das Gefühl haben, viele Fehler zu machen. Machen Sie sich vorher ein paar Notizen, damit Sie sich nicht so sehr auf das konzentrieren müssen, *was* Sie sagen, sondern sich mehr auf das „*wie*" konzentrieren können.

a Lesen Sie die folgende Situation und verteilen Sie die Rollen.

Simulation: Familienurlaub
Familie Kunz möchte im Sommer zwei Wochen Urlaub machen. Die Familie setzt sich zusammen, um gemeinsam zu beschließen, wohin gefahren werden soll. Natürlich kommt es zu einer heftigen Diskussion, weil jeder einen anderen Wunsch hat.

Der Vater, 51 Jahre
Er ist zurzeit arbeitslos und hat wenig Geld. Am liebsten sitzt er zu Hause vorm Fernseher. Er möchte in Deutschland Urlaub machen.

Die Mutter, 45 Jahre
Sie leitet die Diskussion. Sie möchte nicht in Deutschland Urlaub machen.

Der Sohn, 21 Jahre
Er möchte einen Abenteuerurlaub machen und hat eigentlich keine Lust, mit der ganzen Familie zu fahren. Er ist frisch verliebt.

Die Tochter, 18 Jahre
Sie will unbedingt weit wegfahren.

Die Tochter, 12 Jahre
Sie liebt das Meer und Tiere.

Der Onkel, 45 Jahre
Er liebt Kultur, Sonne und Meer und die italienische Mode.

Der Großvater, 76 Jahre
Er sitzt im Rollstuhl und interessiert sich für Architektur.

Die Großmutter, 72 Jahre
Sie hat gerade angefangen, Japanisch zu lernen, und will ihre Sprachkenntnisse verbessern.

Der Hund
Er ist tolerant, will aber nicht zu Hause bleiben. Beim Autofahren wird ihm immer schlecht.

b Machen Sie sich für Ihre Rolle Notizen zu folgenden Punkten:
- **Wohin** möchten Sie fahren? (in welches Land, in welche Region)
- **Wie** möchten Sie reisen? (mit der Bahn, dem Flugzeug usw.)
- **Wo** möchten Sie übernachten? (im Fünf-Sterne-Hotel, in einer Jugendherberge usw.)

c Suchen Sie Argumente, die für Ihren Vorschlag sprechen.

d Diskutieren Sie in der Klasse. Sie müssen eine gemeinsame Lösung finden. Niemand darf zu Hause bleiben.

zu Seite 86, 1

13 Videotipp → LESEN

Bringen Sie die Textteile in die richtige Reihenfolge. Achten Sie dabei auf die unterstrichenen Wörter.

Videotipp

OUT OF ROSENHEIM

BRD 1987 – KOMÖDIE

- [1] Die waschechte Bayerin Jasmin Münchgstettner macht mit ihrem Ehemann eine Reise im Auto durch die amerikanische Wüste Nevada.
- [ ] 200 km von Las Vegas entfernt stößt sie auf das „Bagdad Café", einen Schnellimbiss mit Tankstelle. Die Besitzerin Brenda hatte ebenfalls gerade einen Ehekrach und wirft ihren Mann aus dem Haus, weil dieser zum wiederholten Mal vergessen hat, eine Kaffeemaschine zu kaufen. Brenda bleibt allein mit ihrem Sohn und ihrer Tochter zurück.
- [ ] Doch es kommt bald zu einem Streit zwischen den beiden. Jasmin steigt aus und geht allein zu Fuß weiter.
- [ ] Nach und nach entwickelt sich jedoch eine wahre Frauenfreundschaft. Jasmin macht das Café wieder flott und entwickelt für die LKW-Fahrer ein Unterhaltungsprogramm. So kommt wieder Leben in das triste Café.
- [ ] Jasmin versteht sich blendend mit den Kindern und findet eine Unterkunft im „Bagdad Café". Anfänglich gibt es zwischen den unterschiedlichen Frauen Probleme.
- [ ] „Out of Rosenheim" ist eine der besten „Multikulti"-Komödien der deutschen Filmgeschichte.

7

zu Seite 86, 5

14 Urlaubstermine → SPRECHEN

Finden Sie mit Ihrer Lernpartnerin / Ihrem Lernpartner einen passenden Termin für einen Kurzurlaub.

Februar				März				April	
1. Woche	2. Woche	3. Woche	4. Woche	1. Woche	2. Woche	3. Woche	4. Woche	1. Woche	2. Woche
Faschingsparty im Salvatorkeller		Besuch von Nancy aus den USA		Lernen für die Prüfung			Hochzeit von Bruno		Brunch bei mir

zu Seite 87, 3

15 Wirtschaft und Tourismus → LESEN

Lesen Sie den Text. Zu welchem Abschnitt gehören die Sätze A bis D? Nicht alle Sätze passen in den Text.

- A Immer mehr Reiselustige buchen ihren Urlaub direkt am Flughafen.
- B Der Kunde möchte von Schalter zu Schalter laufen und die Preise vergleichen.
- C Das Angebot am Flughafen soll noch interessanter werden.
- D Längerfristige Buchungen werden in der Touristikbranche immer seltener.

Ab in den Urlaub

Immer mehr Leute buchen ihre Reise am Flughafen

„Ich möchte für ein paar Tage weg. Haben Sie etwas Günstiges?" Diese Frage wird in den Reisebüros am Flughafen am häufigsten gestellt. Was früher kaum möglich war, ist heute fast schon selbstverständlich:

1 ....

Zurzeit gibt es am Flughafen München insgesamt rund 40 Reisebüros und Reiseveranstalter. Die Nachfrage nach Büros und Countern ist groß. Heute werden 45,7 % mehr Reisen am Flughafen verkauft als vor zwei Jahren. Und: Reisen werden heutzutage immer spontaner gebucht.

2 ....

„Last-Minute-Reisen laufen bei uns sehr gut", so die Filialleiterin eines Reisebüros. „Weil sich viele Leute spontan entscheiden wollen, fahren sie mit dem Koffer in der Hand zum Flughafen, um die nächstmögliche Chance zu nutzen davonzufliegen. Unser Büro am Flughafen wird sowohl von Geschäftsreisenden als auch von Privatreisenden besucht. Die Auswahl ist sehr groß."

3 ....

Die Zukunftspläne: „Wir wollen im Zentralbereich einen kundenfreundlichen und attraktiven Reisemarkt mit vielen verschiedenen, preiswerten Angeboten schaffen", so der Geschäftsführer des Flughafens.

zu Seite 88, 4

16 Anfrage: Formeller Brief → SCHREIBEN

Sie wollen Ihre Hochzeitsreise in einem ganz besonderen Hotel verbringen. Dazu haben Sie in einer deutschen Zeitschrift folgende Anzeigen gelesen.

HOTEL IM WASSERTURM, KÖLN

HIER WOHNT DIE SCHÖNHEIT.

Der Gast wohnt in einem ehemaligen Wasserturm. Moderne wohnliche Atmosphäre auf elf Etagen. Möbel, Fenster und Türen sind rund. Die vorherrschenden Farben: Blau, Beige und Gelb. Elegantes Designerhotel mit gutem Service und persönlichem Charme. Claude Chabrol (berühmter französischer Regisseur) schrieb ins Gästebuch: „Einer der seltenen Orte, an dem die Schönheit wohnt ..."

Ein Hotel aus Eis und Schnee

Aus 3000 Tonnen Eis und Schnee wird jedes Jahr im September im Norden Schwedens das größte Iglu-Hotel der Welt gebaut. Der Eispavillon verfügt neben zehn Zimmern über Restaurant, Kunstgalerie, Kino, die Hotelbar „In the Rocks" sowie über eine Eissauna.

Wählen Sie ein Hotel aus, zu dem Sie weitere Informationen haben möchten. Schreiben Sie an das Reisebüro „Exklusivreisen" mit folgender Adresse: Kayagasse 2, 50676 Frankfurt. Benutzen Sie die Redemittel aus Ihrem Kursbuch Seite 88.

- Erklären Sie, warum Sie schreiben.
- Geben Sie Informationen darüber, wann und wie lange Sie bleiben wollen.
- Erkundigen Sie sich nach: Preisen, Lage, Größe der Zimmer, Essen usw.
- Fordern Sie weiteres Informationsmaterial an, auch über andere „besondere" Hotels.
- Überprüfen Sie, ob Sie *Betreff, Anrede, Gruß* sowie alle Inhaltspunkte berücksichtigt haben.

zu Seite 90, 4

17 Spiel: Was muss ich mitnehmen? → WORTSCHATZ

Spiel

Was packe ich in meinen Koffer? Bilden Sie zwei Gruppen. Jede Gruppe denkt sich zehn Gegenstände und jeweils eine Definition aus. Die jeweils andere Gruppe muss raten, um welchen Gegenstand es sich handelt. Für jede richtige Antwort bekommt sie einen Punkt.

Beispiel: *Das brauche ich jeden Morgen und Abend, um die Zähne zu putzen.* Antwort: *Die Zahnbürste.*

zu Seite 91, 6

18 Imperativformen → GRAMMATIK

Ergänzen Sie die richtige Form.

Infinitiv	„du"	„ihr"	„Sie"
gehen	geh	geht	gehen Sie
anrufen			
lesen			
sich ausruhen			
sprechen			
arbeiten			
lächeln			

zu Seite 91, 6

19 Imperativ → GRAMMATIK

Ergänzen Sie ein passendes Verb in der richtigen Imperativform.

a) Du arbeitest zu viel. .... doch mal Urlaub.
b) Hallo, ihr beiden. .... rein und .... es euch bequem.
c) Ist der Platz noch frei? – Ja, ... Sie sich doch.
d) Du siehst immer noch hungrig aus. .... doch ein bisschen mehr.
e) Tut mir leid, Nicola, bitte .... mir nicht böse.
f) Kinder, jetzt .... endlich still.
g) Ich verstehe dich nicht. .... ein wenig lauter.
h) .... auf jeden Fall einen Pullover mit. Man kann nie wissen, wie das Wetter wird.
i) Ich freue mich, euch bald wieder zu sehen. .... gut auf euch auf.
j) Mensch, ... dich. Das Flugzeug startet gleich.

zu Seite 91, 6

20 Tipps für den stressfreien Urlaub → GRAMMATIK/LESEN

a) Lesen Sie die folgenden Tipps für einen stressfreien Urlaub.

So stressfrei kann Urlaub sein.

Tipps für den perfekten Urlaub

Formalitäten — **2 Wochen vor dem Urlaub**
- *den Pass überprüfen und eventuell verlängern lassen*
- *rechtzeitig eine Checkliste machen: Was muss ich mitnehmen?*

An alles gedacht? — **Tag vor der Abreise**
- *Koffer packen*
- *Taxi am Abend vorbestellen*
- *wichtige Dinge müssen ins Handgepäck*

An alles gedacht? — **1. Tag, 7 Uhr, vor der Abfahrt**
- *bequeme Kleidung anziehen*
- *den Schlüssel beim Hausmeister abgeben*
- *Licht und Herd ausschalten*
- *pünktlich erscheinen, 90 Minuten vor dem Start*

Der Urlaub beginnt! — **1. Tag, 14 Uhr, Ankunft**
- *ein bisschen Geld wechseln*
- *den Reiseleiter suchen oder ein Taxi bestellen*
- *die Lieben zu Hause anrufen*
- *Wertsachen in den Hotel-Safe einschließen*

b Ihre Freundin / Ihr Freund ist jedes Mal gestresst, wenn sie/er in Urlaub fährt. Geben Sie ihr/ihm Tipps für einen guten Start in die Ferien. Schreiben Sie die Tipps im Imperativ.
Beispiel: *Überprüfe deinen Pass und verlängere ihn rechtzeitig, wenn er nicht mehr gültig ist.*

zu Seite 91, 6

21 Redemittel → WORTSCHATZ

Was kann man sagen, wenn jemand verreist? Verbinden Sie die Sätze.

Lass	gesund wieder.
Erhol	eine Karte.
Schreib mal	mal was von dir hören.
Komm	dich gut.
Pass	mich mal an.
Ruf	gut auf dich auf.

zu Seite 91, 9

22 *Hinein – heraus* → GRAMMATIK

Ergänzen Sie in den Lücken folgende Wörter:

herauf	hinauf
heraus	hinein
herüber	hinüber

Komm doch ......herauf...... . Hier ist eine wunderschöne Aussicht.

Moment, ich mache eine kleine Pause. Dann komm' ich ....

Ich lade Sie zum Essen ein. Kommen Sie doch ....

Sehr nett von Ihnen. Aber wie soll ich ....schwimmen?

Du meine Güte! Ich muss noch meinen Kulturbeutel ....tun.

Was musst du auch immer so viele Klamotten mitnehmen! Dann musst du eben etwas ....nehmen.

die Verbindungen tz – ss – z – s

1 Gedicht

LERNER-CD 5

a Hören Sie das Gedicht von Josef Guggenmos einmal.

Herr Matz und die Katze

Als Herr Matz
die Katze
von ihrem Platze
auf der Matratze
vertrieb,
beschloss die Katze,
vor Wut am Platzen,
Herrn Matz
zu besteigen
und ihm mit der Tatze
die Glatze
zu zerkratzen.
Doch ließ sie es bleiben
und war wieder lieb.

b Lesen Sie das Gedicht laut.

2 Wortpaare *tz – z* und *s – ss – ß*

LERNER-CD 6

Welches Wort hören Sie? Unterstreichen Sie das Wort, das Sie hören.

Reize	Reise
Platz	blass
zelten	selten
Katze	Kasse
Mützen	müssen
Spatz	Spaß
stolz	Stoß
besetzen	besessen
Zehen	Seen
Witz	Wiese
Warze	Wasser
Glatze	klasse
Satz	saß
setzen	Sessel
Netze	Nässe
Tatze	Tasse

3 Diktat

Diktieren Sie Ihrer Lernpartnerin / Ihrem Lernpartner Teil **a** oder Teil **b** der Übung. Wer das Diktat hört und schreibt, schließt das Buch.

a
- Wir haben einen Platz im Flugzeug reserviert.
- Unser Reiseziel ist zuerst Zürich und dann Salzburg.
- Wir müssen ein Moskitonetz mitnehmen.

b
- Wir haben im Sommer auf einem Campingplatz gezeltet.
- Der Zauberer machte im Zirkus einen Purzelbaum.
- Wir wollen auf unserer Kreuzfahrt nur faulenzen und die Sonne genießen.

Lernkontrolle: Was haben Sie in diesem Kapitel gelernt?

Kreuzen Sie an.

Ich kann ...

Lesen

- [ ] ... die Hauptinhaltspunkte einer Reportage über zwei Weltreisende auffinden.
- [ ] ... dem Text Einzelheiten zum Inhalt entnehmen und strukturieren.
- [ ] ... Hauptaussagen eines Zeitungsartikels über ein Hotel im Weltraum rekonstruieren.
- [ ] ... Zeitschriftenbeiträgen Anleitungen und Ratschläge zum Thema *Kofferpacken* entnehmen.

Hören

- [ ] ... Ratschläge über Reiseziele und Reiseverhalten verstehen.
- [ ] ... Vor- und Nachteile verschiedener Arten von Reisen nachvollziehen.

Schreiben - Produktion

- [ ] ... den Inhalt einer Reportage in einigen Sätzen zusammenfassen.

Schreiben - Interaktion

- [ ] ... eine Anfrage bei einem Reiseunternehmen in Form eines einfachen formellen Schreibens verfassen.
- [ ] ... den Aufbau und die Textsortenmerkmale des formellen Briefes richtig anwenden.

Sprechen - Produktion

- [ ] ... Personen auf einem Foto und die dargestellte Situation beschreiben.
- [ ] ... einen Vortrag über eine außergewöhnliche Reise halten.

Sprechen - Interaktion

- [ ] ... in Gesprächen nicht alltägliche Problemsituationen auf einer Reise bewältigen, zum Beispiel bei der Polizei Anzeige wegen eines gestohlenen Fahrrads erstatten.
- [ ] ... an einer Diskussion zum Thema Familienurlaub teilnehmen und dabei Vorschläge machen und diese mit Argumenten begründen.

Wortschatz

- [ ] ... Nomen aus den Wortfeldern *Verkehrsmittel* und *Übernachtungsmöglichkeiten* richtig einsetzen.
- [ ] ... aus dem Grundverb *reisen* neue Verben bilden und verwenden.

Grammatik

- [ ] ... die Bedeutung und Funktion lokaler Präpositionen verstehen und richtig anwenden.
- [ ] ... höfliche Anweisungen und Ratschläge mithilfe des Imperativs formulieren.

Sprechen Sie mit Ihrer Kursleiterin / Ihrem Kursleiter über Tipps zum Weiterlernen.

LEKTION 8 – *Lernwortschatz*

Verben

abholen
anfangen mit + *Dat.*
aufnehmen
denken an + *Akk.*
einlegen
einschalten
fördern
gratulieren zu + *Dat.*
hinterlegen
klingen
komponieren
sich bedanken für + *Akk.*
sich erinnern an + *Akk.*
sich fernhalten von + *Dat.*
stammen aus + *Dat.*
suchen nach + *Dat.*
teilnehmen an + *Dat.*
üben
vorspielen
vortragen

Nomen

die Aufnahme, -n
die Auskunft, ¨-e
die Auszeichnung, -en
der CD-Spieler, -
das Debüt, -s
das Genie, -s
der Hit, -s
das Instrument, -e
das Interesse an + *Dat.*
der Jazz
der Kassettenrekorder, -
der Komponist, -en
die Komposition, -en
das Konzert, -e
die Konzerttournee, -n
der Kopfhörer, -
der Lautsprecher, -
die Lautstärke
die Melodie, -n
die Musikrichtung, -en
der Musikstil, -e
das Musikstück, -e
der Nachwuchs
die Oper, -n
das Popkonzert, -e
der Popsong, -s
der Preis, -e
der Rhythmus, Rhythmen
der Rock'n'Roll
der Sänger, -
das Talent, -e
der Tango, -s
das Tempo, Tempi
der Verstärker, -
die Volksmusik
das Vorbild, -er
die Vorstellung, -en
der Walzer, -
das Werk, -e

Adjektive/Adverbien

angefüllt mit + *Dat.*
ausverkauft
beliebt (un-) bei + *Dat.*
dünn
harmonisch (un-)
hoch
modern (un-)
populär (un-)
renommiert
tief
vertraut

Ausdrücke

an der Spitze liegen
ein Instrument beherrschen
eine CD brennen
sich grün und blau ärgern

8

1 Musik → **WORTSCHATZ**

Welche Nomen passen?

Talent – Konzert – Geschmack – Instrument – CD-Spieler – Jazz – ~~Verstärker~~ – Melodie

a Ich will mir einen neuen ...Verstärker... kaufen. Mein alter ist kaputt. Kannst du mir eine gute Marke empfehlen?
b Ich habe mir gerade das neue Album von Grönemeyer gekauft. Darf ich deinen .... einschalten und es gleich anhören?
c Ich wollte eigentlich nächste Woche aufs .... von Christina Aguilera. Aber es ist schon komplett ausverkauft.
d Die .... des Liedes gefällt mir total gut, aber den Text finde ich schrecklich.
e Gefällt dir ....? Nein, das ist nicht mein .... Ich mag lieber Popmusik.
f Du solltest Musik studieren. Du hast ....
g Spielst du ein ....? Ja, Geige.

LEKTION 8

zu Seite 95, 1

2 Welches Wort passt nicht? → WORTSCHATZ

Streichen Sie das falsche Wort durch.

a	Band	Orchester	Pianist	Chor
b	Tuba	Gitarre	Trompete	Posaune
c	Mandoline	Tuba	Kontrabass	Gitarre
d	Musiker	Sänger	Tänzer	Metzger
e	Jazz	Ballett	Volksmusik	Techno

zu Seite 95, 1

3 Lerntipp: Mnemotechnik → WORTSCHATZ

a Bilden Sie Vierer-Gruppen. Zwei Mitglieder versuchen, sich die Wörter aus Wortliste 1, die anderen beiden, sich die Wörter aus Wortliste 2 zu merken. Sehen Sie sich nur Ihre eigene Liste an. Sie haben 30 Sekunden Zeit. Nennen Sie dann alle Wörter, die Sie sich gemerkt haben. Wie viele waren es? Vergleichen Sie die Ergebnisse der beiden Gruppen.

Wortliste 1	
Geige	Natur
Blume	Kaffee
Kugelschreiber	Papier
Marmelade	Butter
Heft	Musik
Klavier	Fieber
Schnupfen	Frühstück
Wald	Stift
Husten	Tuba
Brot	Wiese

Wortliste 2	
Musik	Heft
Geige	Stift
Klavier	Papier
Tuba	Husten
Frühstück	Schnupfen
Brot	Fieber
Marmelade	Natur
Butter	Blume
Kaffee	Wald
Kugelschreiber	Wiese

b Vermutlich haben sich die beiden, die die Wörter aus Liste 1 lernen sollten, weniger Wörter gemerkt. Warum wohl? Vergleichen Sie die beiden Listen.

Lerntipp

Mnemotechnik
Das Lernen und Behalten von Wörtern ist für viele ein großes Problem. Vokabeln lernt man am besten, indem man sie systematisch und nicht „durcheinander“ lernt. Ordnen Sie die Wörter möglichst immer nach Wortgruppen.

zu Seite 95, 2

4 Geräte zum Musikhören → WORTSCHATZ

Welches Gerät ist gemeint? Ordnen Sie zu.

	Was ich mache.	Welches Gerät brauche ich?
a	Ich möchte laut Musik hören und niemanden stören.	das Radio
b	Ich will Nachrichten hören.	der Verstärker
c	Ich schließe alle Geräte einer Stereoanlage dort an.	der Lautsprecher
d	Ich höre gern laut Musik. Deshalb habe ich mir zwei stärkere gekauft.	der MP3-Player
		der Kopfhörer
e	Ich möchte aus dem Internet heruntergeladene Lieder anhören.	

zu Seite 97, 5

5 Negationswörter → GRAMMATIK

Setzen Sie das passende Wort ein. Manche Wörter passen mehrmals.

jemand(-en/-em) – etwas – einmal – irgendwo – niemand(-en/-em) (keiner) – nichts – nie(mals) – nirgends (nirgendwo)

- **a** Soll ich dir ......etwas...... aus dem Supermarkt mitbringen?
  Nein, danke, ich brauche ....
- **b** Hast du meinen Geldbeutel .... gesehen? Nein, den habe ich .... gesehen.
- **c** Kennst du ...., der eine Stereoanlage zum Ausleihen hat?
  Nein, ich kenne ....
- **d** Warst du schon .... auf einer Techno-Party? Nein, ..., und ich möchte auch .... auf eine gehen. Das interessiert mich nicht.
- **e** Hast du schon .... etwas von Grönemeyer gehört? Nein, von dem habe ich noch .... gehört.
- **f** Hast du .... über das Konzert am Samstag gelesen?
  Nein, ich habe .... in der Zeitung gefunden.
- **g** Hat .... für mich angerufen? Nein, ...
- **h** Hast du mit .... darüber gesprochen? Nein, mit ....

zu Seite 97, 5

6 *nicht, nichts* oder *kein*? → GRAMMATIK

Setzen Sie das passende Wort in der richtigen Form ein.

- **a** Der Musikladen hat jeden Tag geöffnet, aber natürlich ......nicht...... am Sonntag.
- **b** Ich komme dann um acht Uhr, wenn du .... dagegen hast.
- **c** Mach dir .... Sorgen. Alles wird wieder gut.
- **d** Ich habe den ganzen Tag noch .... gegessen.
- **e** Ich habe an der Abendkasse .... Karten mehr bekommen.
- **f** Du musst dich jetzt entscheiden: alles oder .... !
- **g** Auf dem Konzert war .... Mensch.
- **h** Ich habe .... Durst.
- **i** Er hat die Tickets für das Konzert dann doch .... gekauft.
- **j** Ich habe überhaupt .... verstanden.
- **k** Der CD-Spieler funktioniert ....
- **l** Ich will mich am Wochenende entspannen und einfach .... tun.

zu Seite 97, 5

7 Die Stellung von *nicht* → GRAMMATIK

Verneinen Sie die folgenden Sätze.

Beispiel: Ich bin heute ins Konzert gegangen. (in die Oper)
Ich bin heute nicht ins Konzert gegangen, sondern in die Oper.

- **a** Anton kann Klavier spielen.
- **b** Diana interessiert sich für Opern.
- **c** Ihr Onkel hat sie angerufen. (ihr Bruder)
- **d** Ich möchte heute tanzen gehen.
- **e** Ich gehe gern in klassische Konzerte.
- **f** Meine Mutter kann Ihnen helfen. (mein Vater)
- **g** Sie erinnert sich an ihren Urlaub vor zehn Jahren.
  (an den Urlaub im letzten Jahr)
- **h** Ich kenne Herbert Grönemeyer. (Herbert Kohlmeyer)
- **i** Ich kann dir die CD leihen.

zu Seite 99, 4

8 Musikalische Höchstleistungen → LESEN

Lesen Sie einen Leserbrief zum Thema.

Wer schreibt wem?
Wie lautet die Anrede?
Worauf bezieht sich der Leserbrief?
Wie ist die Grußformel?
Wie ist die Sprache im Brief (sachlich, emotional, ...)?

Gertrud Bayer
Meistersingerstr. 11
88543 Nürnberg

Nürnberg, 29. 6. 20. .

An die
Redaktion der Süddeutschen Zeitung
Leserbriefe

Ihr Artikel „Ausgezeichnete Kinderarbeit“ vom 24. 6.

Sehr geehrte Damen und Herren,

in Ihrem oben genannten Artikel zeigen Sie mal wieder sehr schön, wie Kinder heutzutage von ihren Eltern unter Druck gesetzt werden.

Ich finde es unverantwortlich, Kinder mit Musikunterricht zu quälen, nur weil die Eltern so ehrgeizig sind. Viele hoffen umsonst, dass in ihrem Nachwuchs ein Genie steckt, das man nur genug fördern muss. Statt mit anderen Kindern zu spielen, müssen ihre armen Söhne oder Töchter zu Hause stundenlang Klavier üben. Die Schule ist doch schon anstrengend genug!

Und wozu das Ganze? Das ist doch verlorene Zeit und vergebliche Liebesmüh. Profimusiker oder Stars werden aus den wenigsten Kindern. Mit 13 oder 14 Jahren ist es bei den meisten Jugendlichen ohnehin vorbei mit dem Interesse am Musizieren. In dem Alter haben die jungen Leute doch ganz andere Dinge im Kopf. Da hören sie viel lieber ihre Lieblingsgruppen auf CD oder gehen in ein Popkonzert.

Mit freundlichen Grüßen

Gertrud Bayer

Gertrud Bayer

zu Seite 99, 4

9 Leserbrief → SCHREIBEN

Verfassen Sie einen eigenen Leserbrief. Orientieren Sie sich an den Merkmalen in Aufgabe 8 und bauen Sie Ihren Brief genauso auf. Nehmen Sie zur Meinung von Frau Bayer Stellung.

zu Seite 99, 6

10 Verben mit Präpositionen → GRAMMATIK

Ergänzen Sie die Präpositionen in der Tabelle. Sie finden diese Verben in den Wortschatzlisten zu den Lektionen.

Präpositionen mit Akkusativ	Präpositionen mit Dativ
abstimmen ...auf...	ableiten ....
bitten	anfangen ...mit...
denken	einladen ....
hinweisen	gehören ....
schreiben	gelangen ....
sich bedanken	gratulieren ....
sich bemühen	passen ....
sich entscheiden	rechnen ....
sich erinnern	sich auseinandersetzen ....
sich freuen	sich beschäftigen ....
sich konzentrieren	sich erkundigen ....
sich kümmern	sich fernhalten ....
sich verlassen	sich treffen ....
sich verlieben	sich verabreden ....
sich verwandeln	stammen ....
sich vorbereiten	suchen ....
sorgen	teilnehmen ....
verzichten	vereinbaren ....
warten	zusammenhängen ....

zu Seite 99, 6

8

11 Präpositionen → GRAMMATIK

Ergänzen Sie die fehlenden Präpositionen und die richtigen Artikel/ Pronomen im Dativ oder Akkusativ.

- a Ich möchte ......an...... ein*em*...... Deutschkurs teilnehmen.
- b Konzentrier dich mehr .... d............ Unterricht.
- c Er hat sich .... d............ Sängerin verliebt.
- d Ich gratuliere dir .... d............ bestandenen Aufnahmeprüfung.
- e Peter kümmert sich sehr liebevoll .... sein............ Mutter.
- f Hast du dich gründlich .... d............ Prüfung vorbereitet?
- g Darf ich Sie .... ein............ Hauskonzert einladen?
- h Wie viele Leute nehmen denn .... d............ Kurs teil?
- i .... Musik kann ich wirklich nicht verzichten.
- j Hast du dich .... d............ Jazzmusiker verabredet?
- k Ja, ich treffe mich nächste Woche .... ih............ .
- l Ich kann mich gar nicht mehr .... d............ Konzert erinnern.
- m Er hat sich herzlich .... d............ Geschenk bedankt.

zu Seite 99, 7

12 Präposition + Nebensatz/Infinitivsatz → GRAMMATIK

Ergänzen Sie *da*(*r*) + Präposition.

- a Ich erinnere mich noch genau ......daran......, wie ich mit dem Klavierunterricht begonnen habe.
- b Könntest du dich .... erkundigen, ob es noch Konzertkarten gibt?
- c Das Publikum wartete ...., dass der Pianist eine Zugabe spielte.
- d Denk ...., dass Peter heute Geburtstag hat.
- e Ich freue mich so ...., heute ins Kino zu gehen.
- f Tut mir leid, ich habe nicht .... gedacht, dass wir verabredet waren.
- g Seine Krankheit hängt sicher .... zusammen, dass er so viele Sorgen hat.
- h Ich bitte dich ...., dass du ihn ein wenig in Ruhe lässt.
- i Ich rechne fest ...., dass du zur Party kommst.

zu Seite 99, 7

13 Ergänzen Sie die Sätze frei. → GRAMMATIK

a Er freute sich so sehr ...., dass ....
b Wir haben lange .... diskutiert, ob ....
c Er hat sich .... beschwert, dass ....
d Ich ärgere mich wirklich ...., dass du ....
e Ich bemühe mich ...., dass ....

zu Seite 99, 7

14 *mit wem* oder *womit*? → GRAMMATIK

Ergänzen Sie die Sätze mit Präpositionen bzw. Fragewörtern.

a ....Von wem.... träumst du? ....Von.... Peter.
b ....Wovon.... träumst du? ....Von.... meinem letzten Urlaub.
c .... hast du dich verabredet? .... meiner Freundin.
d .... denkst du? .... meine neue Liebe.
e .... hast du dich so lange unterhalten? .... meinem Chef.
f .... lädst du ihn ein? .... einem Konzertbesuch.
g .... bist du nicht einverstanden? .... deinen Urlaubsplänen.
h .... kannst du dich nicht mehr erinnern? .... meine Großmutter.
i .... hatte er sich beworben? .... eine Stelle als Dirigent.
j .... hängt das ab? .... meinen Eltern.
k .... denkst du die ganze Zeit nach? .... meine Prüfung.
l .... musst du dich denn vorbereiten? .... die Mathematikprüfung.

8

zu Seite 101, 2

15 Informationsgespräch → SPRECHEN

Ergänzen Sie in dem folgenden Dialog das, was die Gesprächspartnerin / der Gesprächspartner sagt. Nehmen Sie dazu die Redemittel aus dem Kursbuch auf Seite 101 zu Hilfe.

....Haben Sie noch Karten für ....

Ja, da haben Sie Glück. Es gibt noch welche.

....

Moment ... Ja, in der Reihe 1 bis 10 sind noch Plätze frei. Die kosten jeweils 35 Euro.

....

Die Karten können an der Kasse hinterlegt werden.

....

zu Seite 101, 2

16 Lerntipp → SPRECHEN

Lerntipp

Laut lesen und auswendig lernen
Das Auswendiglernen kleiner Textpassagen hilft Ihnen, ganze Sätze zu behalten. Lernen Sie ruhig ab und zu ganze Sätze auswendig, z. B. die typischen Ausdrücke auf Seite 101 im Kursbuch.

a Bilden Sie Dreier-Gruppen und lesen Sie den folgenden Sketch zunächst laut mit verteilten Rollen. Lernen Sie dann Ihre Rolle auswendig und spielen Sie den Sketch in der Klasse vor.

Die drei Tenöre

Ansager: Sehr geehrte Damen und Herren. In New York, Moskau, Schanghai und Tokio haben sie triumphale Erfolge gefeiert. Heute sind sie hier bei uns. Freuen Sie sich mit mir auf die berühmten „Drei Tenöre"! *Das Publikum klatscht, der Ansager tritt klatschend zur Seite, zwei Boxer treten auf und verbeugen sich. Dann wenden sie sich vorwurfsvoll dem Ansager zu.*

Erster Boxer: Sind Sie verrückt, Mann? Wir sind doch keine Tenöre!

Ansager: Wirklich? Ach, wie blöd! Jetzt hab' ich's aber leider schon angesagt. Die Leute freuen sich darauf. ... *Zum Publikum, agitierend:* Nicht wahr? Sie freuen sich doch auf die drei Tenöre? *Das Publikum ruft zustimmend und klatscht. Ansager zu den Boxern:* Sehen Sie? ... Sehen Sie? ...

Zweiter Boxer: Jaja, aber ... aber ... wir sind nicht drei! Wir sind nur zwei.

Ansager: Pah! ... Zwei oder drei, das fällt doch gar nicht auf!

Erster Boxer: Und außerdem sind wir keine Sänger. Wir sind Boxer.

Ansager: Was? Wirklich? Ach, komm, komm, komm! Mit ein bisschen gutem Willen geht das schon.

Zweiter Boxer: Man wird uns auslachen. Ich weiß es!

Ansager *zum Publikum:* Werden Sie unsere drei Tenöre tatsächlich auslachen? *Das Publikum ruft verneinend. Ansager zu den Boxern:* Na! Was habe ich gesagt? Jetzt müssen Sie aber! *Der Ansager animiert das Publikum zu einem erneuten Applaus. Die Boxer sehen sich fragend an, zucken mit den Schultern, flüstern sich gegenseitig ins Ohr und singen dann ein kurzes Lied ihrer Wahl.*

Begeisterter Schlussapplaus des Ansagers und des Publikums.

8

Lerntipp

Selbstkontrolle
Nehmen Sie ab und zu Ihre Stimme auf, damit Sie sich selbst einmal Deutsch sprechen hören. Sie können dann Ihre Fehler analysieren und Ihre Intonation verbessern. Wenn Sie die Möglichkeit haben, ist es noch besser, sich auf Video aufzunehmen.

b Nehmen Sie den Sketch auf Kassette auf und analysieren Sie Ihre Aussprache.

zu Seite 103, 4

17 Deutschsprachige Popstars → LESEN

Lesen Sie die Texte über deutsche Popstars und ergänzen Sie die Wörter.

Debüt – Tourneen – Musik – Musiker – Preise – Komposition – Lied – Melodien – Bühne – Songs – Gruppe – Hit

Skorpions

Sie sind die erste deutsche Rockband, die mit Mainstreamrock und eingängigen Hits international Erfolg hatte. Erst nach ...Tourneen... durch kleine Konzertsäle und Klubs gelang dem Quintett 1979 der Durchbruch mit dem Hit „Love-drive". Seitdem haben sie internationalen Erfolg. Die Skorpions haben in Tokio, Moskau, New York ... ganze Fußballstadien gefüllt. Ihr Titel „Wind of change" wurde zur Hymne der Freiheit.

Silbermond

Silbermond ist eine Neuentdeckung am deutschen Pophimmel. Gegründet wurde das Quartett im Jahr 2000. Seitdem gibt man seine deutschsprachige Rockmusik mit harmonischen .... zum Besten und hat sich eine treue Fangemeinde erspielt. Die Gruppe nahm an zahlreichen Newcomer-Wettbewerben teil und gewann etliche .... Silbermond startete ihre Karriere mit dem ....album „Verschwende deine Zeit". Der Song „Durch die Nacht" avancierte bereits zu einem ....

Grönemeyer

Eigentlich wollte Herbert Grönemeyer nur .... werden, denn er hatte Musik und .... studiert. Doch dann wurde er als Schauspieler in dem Film „Das Boot“ bekannt. 1979 veröffentlichte er seine erste Platte, die niemand beachtete. Erst fünf Jahre später wurde er durch das .... „Männer“ bekannt, das von Vorurteilen und Klischees handelt. Ende der neunziger Jahre wurde es ruhig um Grönemeyer. Der Tod seines Bruders und seiner Frau innerhalb kurzer Zeit veranlasste ihn, keine .... mehr zu schreiben. Im Jahr 2002 schaffte er mit dem Album „Mensch“ das Comeback. Es wird ein sensationeller Erfolg. Grönemeyer zur Entstehung der Platte: Er habe langsam und traurig begonnen, wieder Songs zu schreiben. Er vergleicht das mit dem Versuch, nach einem Unfall wieder laufen zu lernen.

Rammstein

Die Berliner Formation war anfangs wegen ihrer provokativen Texte umstritten. Jedoch gerade die expressiven Texte der ...., dazu eine spektakuläre Show auf der ...., macht Rammstein in der deutschen Musikszene einzigartig. Bei der Verleihung des Deutschen Musikpreises 2005 wurde Rammstein zweimal ausgezeichnet. Aber nicht nur in Deutschland ist die .... populär. Sie ist eine der international erfolgreichsten deutschen Bands. Vor allem in den USA. Dort wurde die Gruppe bekannt, nachdem der Regisseur David Lynch das Lied „Heirate mich“ für seinen Film „Lost Highway“ verwendet hatte.

zu Seite 103, 4

18 Infinitiv mit *zu* → GRAMMATIK

Fügen Sie *zu* dort ein wo nötig.

- **a** Ich habe keine Lust, Geige ....*zu*.... üben.
- **b** Es hat angefangen .... regnen.
- **c** Du sollst nicht so laut Musik .... hören.
- **d** Ich höre ihn jede Nacht spät nach Hause .... kommen.
- **e** Wann lässt du endlich die Stereoanlage .... reparieren?
- **f** Ich habe vergessen, die Tickets .... bestellen.
- **g** Meine Eltern haben mir verboten, auf eine Party .... gehen.
- **h** Ich hoffe, dich bald wieder .... sehen.
- **i** Einen Hit .... komponieren ist nicht so leicht.

zu Seite 103, 4

19 Infinitivsätze → GRAMMATIK

Bilden Sie Sätze. Entscheiden Sie, welche Sätze den Infinitiv mit *zu* brauchen und welche nicht.

Beispiel: Ich – ihr – versprechen – auf – Kind – aufpassen
Ich verspreche ihr, auf das Kind aufzupassen.

- **a** Er – Haare – ganz – kurz – schneiden – lassen
- **b** Publikum – nicht – aufhören – applaudieren
- **c** Ich – hören – ihn – laut – Violoncello – spielen
- **d** Leider – er – nie – Lust – haben – Urlaub fahren
- **e** Letztes Jahr – wir – sehr oft – tanzen – gehen
- **f** Er – nicht – helfen – lassen
- **g** Du – vergessen – Termin – absagen

LEKTION 8 – *Aussprachetraining*

r nach Plosivlauten und die Kombinationen qu–kn

1
LERNER-CD 7

pr – tr – kr

a Hören Sie die Wörter und sprechen Sie sie nach.

pr	tr	kr
Prüfung	Transport	Krokodil
prima	Kontrolle	Kritik
Preis	Träne	Krach
improvisieren	Trend	krank
praktisch	Traum	kratzen
präsentieren	trostlos	Krimi
Problem	extravagant	Krümel
Prinz	tragisch	Kreis

b Wählen Sie sechs Wörter und bilden Sie einen Satz. Lesen Sie ihn vor. Ihre Lernpartnerin / Ihr Lernpartner spricht den Satz nach.
Beispiel: *Das Krokodil hatte einen trostlosen Traum und weinte deshalb viele Tränen.*

2
LERNER-CD 8

spr – str

Hören Sie die Wörter und sprechen Sie sie nach.

spr	str
sprechen	Straße
springen	Strand
Spritze	Stress
Sprache	Strich
sprengen	Strauß
Spruch	streichen
Sprudel	Struktur
	Strategie
	Strumpf

8

3
LERNER-CD 9

Der Laut *qu*

Hören Sie die folgenden Sätze und sprechen Sie sie nach.

- Er tritt in einem Quintett auf.
- Machen Sie es sich bequem.
- Ich habe eine Qualle am Strand gefunden.
- Rede doch nicht so einen Quatsch!
- Können Sie mir eine Quittung geben?
- Ich war im Fernsehen bei einem Quiz.
- Wir mussten uns in das kleine Auto quetschen.

4
LERNER-CD 10

kn oder *n*?

Welches Wort hören Sie?
Unterstreichen Sie das Wort, das Sie hören.

Knoten	Noten
Knarren	Narren
Knicken	nicken
Knochen	noch
Knüller	Nuller
Knie	nie
Knacken	Nacken
Knebel	Nebel

Lernkontrolle: Was haben Sie in diesem Kapitel gelernt?
Kreuzen Sie an.

Ich kann ...

Lesen
- ☐ ... einem narrativen Schulbuchtext und einem tabellarischen Lebenslauf detaillierte biografische Informationen zum Leben Mozarts entnehmen.
- ☐ ... einem gedruckten Interview mit einer Musikerin Hauptinformationen entnehmen und nach Leitpunkten stichwortartig festhalten.
- ☐ ... einer Reportage über Popmusik Untersuchungsergebnisse entnehmen.

Hören
- ☐ ... einem Interview mit einem Musiker Hauptinformationen und Einzelheiten entnehmen.

Schreiben – Interaktion
- ☐ ... im Internet mit anderen über Musikveranstaltungen chatten und dabei Neuigkeiten und Ereignisse sowie Urteile austauschen.

Sprechen – Produktion
- ☐ ... Vermutungen über Musiker und Instrumente ausdrücken.
- ☐ ... Informationen aus einem Interview mit dem Musiker Daniel mündlich zusammenfassen.
- ☐ ... Informationen zu einem schriftlichen Interview mündlich zusammenfassen.

Sprechen – Interaktion
- ☐ ... mich telefonisch über Musikveranstaltungen informieren.
- ☐ ... ein Auskunftsgespräch führen und mich dabei über Musikveranstaltungen informieren.

Wortschatz
- ☐ ... Nomen aus den Wortfeldern *Musikinstrumente, Geräte zum Musikhören* und *Musikstile* richtig einsetzen.
- ☐ ... Verben zum Thema *Bedienen einer Musikanlage* verwenden.

Grammatik
- ☐ ... verschiedene Formen der Negation korrekt verwenden.
- ☐ ... häufig gebrauchte Verben mit festen Präpositionen korrekt verwenden.
- ☐ ... Satzkonstruktionen mit Präpositionen + Nomen oder Präpositionalpronomen + Nebensatz variieren.
- ☐ ... Satzkonstruktionen mit Modalverben bzw. Infinitiven mit *zu* variieren.

Sprechen Sie mit Ihrer Kursleiterin / Ihrem Kursleiter über Tipps zum Weiterlernen.

LEKTION 9 – *Lernwortschatz*

Verben

abstürzen
bergsteigen
entdecken
erblicken
geeignet sein
joggen
klettern
laufen
reiten
retten
sich ausbreiten
sich etwas brechen
sich verletzen
sinken
steigen
trainieren
umkommen
verunglücken
wandern
wehtun
windsurfen

Nomen

die Abenteuerlust
der Alptraum, ¨-e
die Ausdauer
die Ausrüstung, -en
das Bauwerk, -e
die Begeisterung
das Bergsteigen
der Bergsteiger, -
die Bergtour, -en
der Bergunfall, ¨-e
der Blitz, -e
die Brise, -n
der Donner, -
der Ehrgeiz
der Fluss, ¨-e
der Frost
der Fußball, ¨-e
das Gebirge, -
die Gefahr, -en
die Genehmigung, -en
das Gewitter, -
der Gipfel, -
die Insel, -n
die Klettertour, -en
das Klima, -ta
der Kontinent, -e
die Kreativität
das Land, ¨-er
die Landkarte, -en
die Landschaft, -en
die Lawine, -n
der Leichtsinn
das Meer, -e
das Mitglied, -er
das Opfer, -
der Regenwald, ¨-er
die Rettung
die Route, -n
der Rucksack, ¨-e
der Sauerstoff
die See
das Seil, -e
die Sportart, -en
der Sturm, ¨-e
das Training, -s
der Traum, ¨-e
der Unfall, ¨-e
der Urwald, ¨-er
die Verletzung, -en
die Wüste, -n

Adjektive/Adverbien

aufregend
bekannt (un-)
berühmt
bevölkerungsreich
breit
eigenwillig
emotional
erstmals
flach
gebirgig
mild
nass
neblig
niedrig
regnerisch
riesig
ruhig (un-)
schmal
tödlich
trocken
vorsichtig (un-)

Ausdrücke

der Wind pfeift
die Hand/Hände schütteln
etwas leicht- / schwernehmen
sich einen Traum erfüllen
Stress abbauen
zum ersten Mal

9

1 **Welche Verben passen?** → **WORTSCHATZ**

Im Gebirge: bergsteigen
Auf dem / Im Meer: ....
Bei einem Bergunfall: ....
Auf dem Pferd: ....
Den Rucksack: ....
Am Strand: ....

zu Seite 107, 2

2 Sportarten → WORTSCHATZ/LESEN

a Lesen Sie die Anzeigen aus der Zeitschrift „Natur pur“ und ordnen Sie zu, um welche Sportart es sich handelt. Einige Sportarten bleiben übrig.

1 Trekking	6 Joggen/Laufen	11 Tennis
2 Wildwasserfahren	7 Surfen	12 Skifahren
3 Bungee-Springen	8 Radfahren	13 Segeln
4 Schwimmen	9 Aerobic	14 Bergsteigen
5 Tauchen	10 Fußball	15 Kanufahren

Wintermärchen Norwegen

[12] Lust auf Schnee? Tiefschneetraum. Weite Hänge. Weißer Puder.

LUST AUF MEER?

[ ] Durch klares Wasser gleiten, von Insel zu Insel hüpfen, Delfine beobachten, Sonne und Wind erleben? ______ im Raum Korsika / Elba / Küste Italiens.

Der Kilimandscharo ruft

[ ] Wer hat Lust und Energie, mit mir diesem Ruf zu folgen? Suche aktive Naturfreaks.

Costa Rica

[ ] Sich einmal frei wie Tarzan fühlen. 40 Meter über einem grünen Dach aus Blättern in eine tropische Schlucht fallen.

MÜNCHEN

[ ] Wer hat Lust, mit mir ______ zu spielen, zu zweit oder auch zu viert? Spielstärke egal. Hauptsache, du willst Spaß.

VIETNAM

[ ] zu Fuß entdecken. Wer begleitet mich auf diesem Rucksack- und ______trip?

Malaysia

[ ] mit Jeep, Bambusfloß und Schlauchboot. Den Urwald von Borneo, Orang Utans und tropische Inseln in Malaysia entdecken. Wild durchs Wasser wirbeln für Leute, die sich gern mal treiben lassen.

KUBA

[ ] Faszinierende Unterwasserwelt. Traumhafte Korallenriffe. Artenreiche Fischgründe.

TÜRKEI

[ ] Auf zwei Rädern die Küste erkunden und Touren ins bergige Hinterland unternehmen.

b Schreiben Sie Anzeigen für die Sportarten, die übrig bleiben.

zu Seite 107, 2

3 Lerntipp → **SCHREIBEN**

Lerntipp

Schreiben: Satzanfänge variieren
Versuchen Sie beim Schreiben eines Textes die Satzanfänge zu variieren, indem Sie nicht immer mit dem Subjekt beginnen und indem Sie die Sätze mit Konnektoren zu einem „Text" verbinden.

a Schreiben Sie den folgenden Brief neu und verwenden Sie dafür die am Rand angegebenen Wörter.
Beginnen Sie so: *ich habe Deine Anzeige in der Zeitschrift „Natur pur" gelesen und glaube, ich bin genau der Richtige für Dein Abenteuer auf Kuba.*

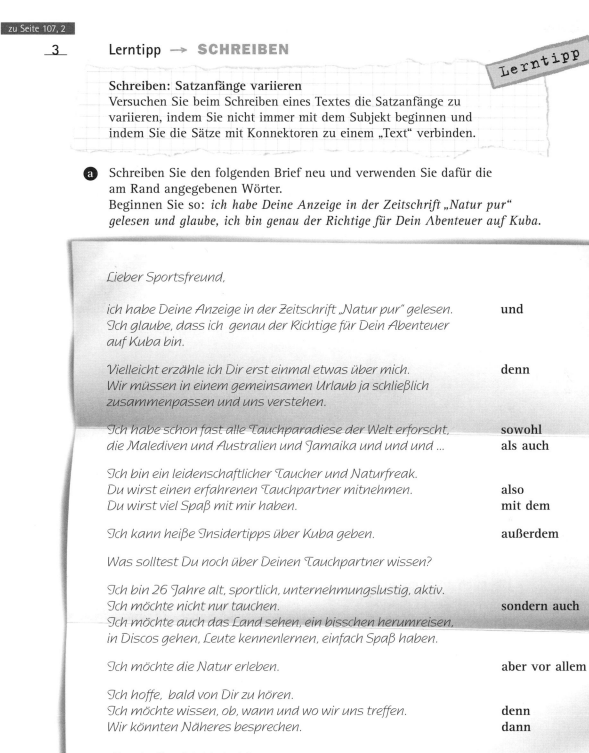

Lieber Sportsfreund,

ich habe Deine Anzeige in der Zeitschrift „Natur pur" gelesen. **und**
Ich glaube, dass ich genau der Richtige für Dein Abenteuer auf Kuba bin.

Vielleicht erzähle ich Dir erst einmal etwas über mich. **denn**
Wir müssen in einem gemeinsamen Urlaub ja schließlich zusammenpassen und uns verstehen.

Ich habe schon fast alle Tauchparadiese der Welt erforscht, **sowohl**
die Malediven und Australien und Jamaika und und und ... **als auch**

Ich bin ein leidenschaftlicher Taucher und Naturfreak.
Du wirst einen erfahrenen Tauchpartner mitnehmen. **also**
Du wirst viel Spaß mit mir haben. **mit dem**

Ich kann heiße Insidertipps über Kuba geben. **außerdem**

Was solltest Du noch über Deinen Tauchpartner wissen?

Ich bin 26 Jahre alt, sportlich, unternehmungslustig, aktiv.
Ich möchte nicht nur tauchen. **sondern auch**
Ich möchte auch das Land sehen, ein bisschen herumreisen, in Discos gehen, Leute kennenlernen, einfach Spaß haben.

Ich möchte die Natur erleben. **aber vor allem**

Ich hoffe, bald von Dir zu hören.
Ich möchte wissen, ob, wann und wo wir uns treffen. **denn**
Wir könnten Näheres besprechen. **dann**

Also, hoffentlich bis bald!

Dein Jan

b Suchen Sie sich eine interessante Anzeige aus Übung 2 aus und schreiben Sie einen Antwortbrief.

zu Seite 107, 4

4 Das Wunder von Bern → LESEN

Lesen Sie die Inhaltsangabe und lösen Sie die folgenden Aufgaben.

a Unterstreichen Sie alle Wörter, die mit dem Thema „Fußball/Sport“ zu tun haben.

b Was ist das „Wunder von Bern“? Spekulieren Sie auch über das Ende des Films. Was ist mit „doppeltem Wunder“ gemeint?

Videotipp

DAS WUNDER VON BERN

Deutschland 2004 ***Regie:*** **Sönke Wortmann** ***Länge:*** **117 Minuten**

Am 4. Juli 1954 schlug die deutsche Nationalelf im legendären Weltmeisterschaftsfinale in Bern (Schweiz) die Ungarn mit 3:2. Der Sieg war mehr als nur ein sportlicher Triumph. Zum ersten Mal seit Kriegsende 1945 gab es wieder eine „Art kollektiven Glückszustand, ein Gegenbild zum Nazi-Reich“, sagt der Regisseur Sönke Wortmann. Aus dem Endspielsieg wurde der Mythos „Das Wunder von Bern“ geboren.

Eigentlich erzählt Wortmann zwei Wunder.
Als einer der letzten Gefangenen kehrt Richard Lubanski (Peter Lohmeyer) 1954 zurück in seine Heimatstadt Essen. Die Jahre haben Mauern errichtet zwischen dem traumatisierten Bergmann und seiner Familie. Seinen elfjährigen Sohn Mattias hat er noch nie gesehen. Besonders verbittert ihn, dass Mattias eine Art Ersatzvater gefunden hat. Er trägt dem Essener Nationalspieler Helmut Rahn immer seine Tasche zum Training hinterher. Einmal sagt Rahn zu seinem kleinen Bewunderer, er könne nur dann gewinnen, wenn Mattias als Maskottchen dabei sei. Ehrensache, dass der Kleine mit zur WM in die Schweiz will. Richard hat für die Träume seines Sohnes kein Verständnis. Erst kommt es zur Eskalation und dann zu einem doppelten Wunder ...

zu Seite 108, 3

5 Übersicht: Komparativ und Superlativ → GRAMMATIK

Ergänzen Sie die Tabelle.

Grundform	Komparativ	Superlativ
schön	schöner	am schönsten
dick		
klein		
reich		
hübsch		am hübschesten
frisch		
		am intelligentesten
elegant		
hart		
kurz		
	teurer	
dunkel		

Grundform	Komparativ	Superlativ
heiß		
	älter	
groß		
jung		
lang		
	schwächer	
stark		
	näher	am nächsten
hoch		
	mehr	
gern		
gut		

zu Seite 108, 3

6 **Ergänzen Sie die Regeln zu Komparativ und Superlativ. → GRAMMATIK**

a Für den Komparativ erhält ein Adjektiv die Endung ....

b Für den Superlativ erhält ein Adjektiv die Endung ....

c Enthält das Adjektiv einen der Vokale *a*, *o* oder *u*, haben Komparativ und Superlativ meist einen ...., z.B. *alt, älter, am ältesten.*

d Bei Adjektiven, die auf *d*, *t*, *s*, *ss*, *sch*, *x* oder *z* enden, wird im Superlativ vor der Endung ein .... eingefügt, z.B. *am kältesten.*

e Endet ein Adjektiv auf *-el* oder *-er*, fällt im Komparativ das .... weg, z.B. *teuer, teurer.*

zu Seite 108, 3

7 **Komparativ → GRAMMATIK**

Ergänzen Sie ein passendes Adjektiv im Komparativ.

a Der Flug ist mir zu teuer. Haben Sie keinen ....billigeren..........?

b Deine Idee ist nicht schlecht, aber Simon hat eine ....

c Das Zimmer gefällt uns nicht. Haben Sie kein ....?

d Joggen ist mir zu langweilig. Ich möchte einen .... Sport machen.

e Das Fitnesscenter ist zu teuer. Gibt es kein ....?

f Das Auto ist mir zu langsam. Haben Sie kein ....?

g Die Uhr ist zu altmodisch. Haben Sie keine ....?

h In Australien gibt es schöne Plätze zum Tauchen. Aber auf den Malediven gibt es ....

i Ein Tennisspieler verdient viel Geld. Aber ein Formel-1-Fahrer verdient ....

zu Seite 108, 3

8 **Guinness Buch der Rekorde → GRAMMATIK**

Ergänzen Sie ein passendes Adjektiv im Superlativ.

a Die ....schnellste.......... Weltumwanderin ist die Britin Fyona Campbell: 31 521 km in 11 Jahren.

b Der .... Legoturm misst 22,67 m und wurde von 4 600 Kindern in Dänemark erbaut.

c Die .... Leute küsste A. E. Wolfram aus den USA. In acht Stunden küsste er 10 504 Menschen.

ⓓ Den .... Satz der deutschsprachigen Literatur verdanken wir Arno Holz (1863–1929). Er besteht aus 6000 Wörtern.

ⓔ Die .... Stunden Sonnenschein pro Tag gibt es in Yuma, Arizona (USA).

ⓕ Die .... Temperatur, -89,2 °C, wurde in der Antarktis, am 21. Juli 1983, gemessen.

ⓖ Die .... Zeitung, allerdings handgeschrieben, ist schon um 2000 v. Chr. in China erschienen.

ⓗ Den .... Brautschleier trug Romana Eichinger. Er war 392,70 m lang.

ⓘ Den .... Frosch fanden zwei Kölner Biologiestudenten in Madagaskar. Der Winzling ist mit seinen zehn bis zwölf Millimetern kaum größer als ein Fingernagel.

zu Seite 108, 3

9 Deutschlandquiz → GRAMMATIK

Ergänzen Sie den Komparativ oder Superlativ und kreuzen Sie die richtige Antwort an. Wer hat die meisten richtigen Antworten?

ⓐ Welche Stadt hat ....mehr.......... (viel) Einwohner?
☐ Hamburg oder ☐ München?

ⓑ Welches Bundesland ist .... (groß)?
☐ Bayern oder ☐ Rheinland-Pfalz?

ⓒ Welcher Berg ist .... (hoch)?
☐ Die Alpspitze oder ☐ die Zugspitze?

ⓓ Welche Universität ist .... (alt)?
Die Uni
☐ in München oder ☐ in Heidelberg?

ⓔ In welcher Stadt ist das Leben .... (teuer)?
☐ In Berlin oder ☐ in Leipzig?

ⓕ Welcher Fluss ist .... (lang)?
☐ Der Rhein oder ☐ die Mosel?

ⓖ Welcher See ist .... (klein)?
☐ Der Bodensee oder ☐ der Chiemsee?

ⓗ Wo steht das .... (bekannt) Bierlokal?
☐ In Stuttgart oder ☐ in München?

ⓘ Wo ist der .... (groß) Flughafen in Deutschland?
☐ In Frankfurt oder ☐ in München?

zu Seite 108, 3

10 Mein Land → GRAMMATIK

Vergleichen Sie Ihr Land mit Deutschland oder mit einem anderen Land. Bilden Sie Sätze mit dem Komparativ. Schreiben Sie zu folgenden Punkten:

Größe – Wetter – Essen – Nationalsport – Leute – Sonstiges

Beispiel: *Bei uns in der Türkei ist das Wetter besser als in Deutschland; es regnet viel weniger.*

zu Seite 109, 1

11 Klima → WORTSCHATZ

a Welches Wort passt nicht?

1 Wind – Sturm – leichte Brise – Orkan – ~~Atem~~
2 Blitz – Dürre – Donner – Regen – Gewitter
3 Eis – Schnee – Sonnenschein – Frost – Hagel
4 sonnig – neblig – regnerisch – mild – durstig – kühl
5 Berg – Steg – Gipfel – Gebirge – Tal
6 Spiegel – Sauerstoffflasche – Seil – Rucksack – Zelt

b Ordnen Sie alle Nomen ein, die mit „Wetter“ zu tun haben.

feminin	maskulin	neutral
die Sonne	der Regen	das Gewitter

c Was stellen Sie fest? Kreuzen Sie an.
Fast alle Wörter, die zum Thema „Wetter“ gehören, sind
☐ maskulin. ☐ feminin. ☐ neutral.

zu Seite 109, 1

Spiel

12 Ratespiel → WORTSCHATZ

Sie denken sich einen Ort/Platz aus. Jeder Ort/Platz ist möglich.
Die anderen stellen Fragen und raten, was Sie sich ausgedacht haben.
Dabei dürfen Sie nur mit „ja“ oder „nein“ antworten.

Beispiel: Wüste
Gibt es dort viele Leute? – Nein.
Kann man dort schwimmen? – Nein.
Muss man Eintritt bezahlen? – Nein.

Variante: Sie denken sich einen Ort/Platz aus und beschreiben ihn. Die anderen raten.

Beispiel: *Es gibt nicht viele Leute und Pflanzen dort.*
Ich habe Durst.

zu Seite 109, 3

13 Wortbildung: Derivation → WORTSCHATZ

Leiten Sie von den Adjektiven Nomen ab.

Adjektiv	Nomen auf *-heit*, *-igkeit* oder *-e*
hoch	die Höhe
tief	
kalt	
trocken	
leicht	
groß	
ruhig	
dürr	
nass	
flach	
breit	

9

zu Seite 111, 5

14 Ordnungszahlen: Tabelle → GRAMMATIK

a Ergänzen Sie in der folgenden Übersicht die fehlenden Beispiele.

	Singular maskulin	Singular feminin	Singular neutral	Plural
Nominativ	der erste Sportler	die erste Gruppe	das erste Mal	die ersten Menschen
Akkusativ				
Dativ				
Genitiv				

b Ergänzen Sie die Endungen beim unbestimmten Artikel.

	Singular maskulin	Singular feminin	Singular neutral	
Nominativ	ein erst..er... Kuss	eine erst....... Liebe	ein erst....... Kind	
Akkusativ	einen erst....... Kuss	eine erst....... Liebe	ein erst....... Kind	
Dativ	einem erst....... Kuss	einer erst....... Liebe	einem erst....... Kind	
Genitiv	eines erst....... Kusses	einer erst....... Liebe	eines erst....... Kindes	

zu Seite 111, 5

15 Endungsschema: Ordnungszahlen → GRAMMATIK

Markieren Sie die Endungen *-e*, *-en*, *-er* und *-es* in Aufgabe 14 in verschiedenen Farben. Welche Endungen benutzen Sie selten? Welche benutzen Sie oft? Formulieren Sie eine Regel, mit der Sie persönlich sich die Endungen merken können.

zu Seite 111, 5

16 Kuriosität → GRAMMATIK

Ergänzen Sie in der folgenden Meldung aus dem Guinness Buch der Rekorde die Zahlen.

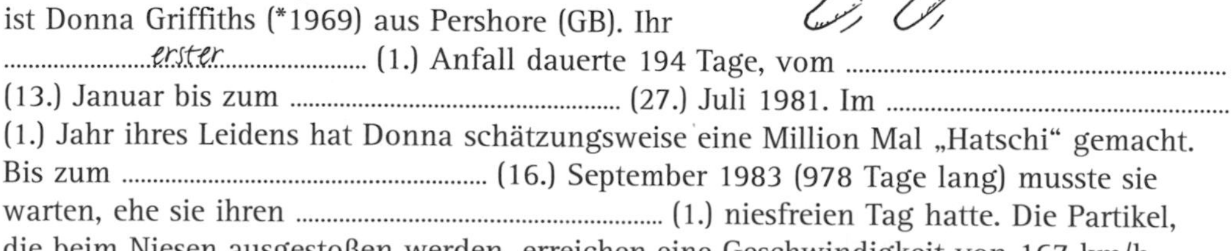

Niesen

Bedauernswertestes Opfer einer seltenen Krankheit ist Donna Griffiths (*1969) aus Pershore (GB). Ihr ....erster.......... (1.) Anfall dauerte 194 Tage, vom .... (13.) Januar bis zum .... (27.) Juli 1981. Im .... (1.) Jahr ihres Leidens hat Donna schätzungsweise eine Million Mal „Hatschi" gemacht. Bis zum .... (16.) September 1983 (978 Tage lang) musste sie warten, ehe sie ihren .... (1.) niesfreien Tag hatte. Die Partikel, die beim Niesen ausgestoßen werden, erreichen eine Geschwindigkeit von 167 km/h.

zu Seite 111, 6

17 Was ist falsch? → GRAMMATIK

Sind die Sätze richtig oder falsch? Kreuzen Sie an. Korrigieren Sie die falschen Sätze.

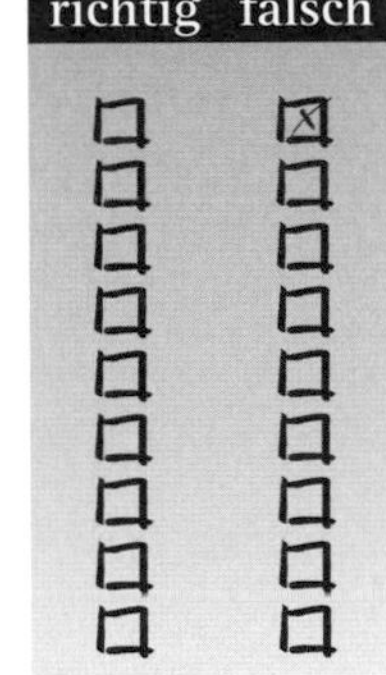

- a Er spielt so gut Tennis ~~als~~ wie Peter.
- b Japan hat mehr Einwohner wie Deutschland.
- c Er gehört zu den besten Sportlern der Welt.
- d Sie hat die mehrere Fehler gemacht als ich.
- e Dortmund hat eine bessere Fußballmannschaft wie Karlsruhe.
- f Das war sein bestes Spiel.
- g Der Everest ist wesentlich hoch als der Montblanc.
- h Susanne ist nicht ganz so alt wie ich.
- i Er geht ins gleiche Fitnessstudio als ich.

	richtig	falsch
a	☐	☒
b	☐	☐
c	☐	☐
d	☐	☐
e	☐	☐
f	☐	☐
g	☐	☐
h	☐	☐
i	☐	☐

zu Seite 111, 6

18 Komparativ → GRAMMATIK

- a Ordnen Sie die Namen der rechten Spalte den Berufen der linken Spalte zu.
- b Bilden Sie zu zweit Fragen und antworten Sie mit *genauso / nicht so ... wie* oder mit dem Komparativ.

Beispiel: Welches Fotomodell ist hübscher – Claudia Schiffer oder Naomi Campbell?
Claudia Schiffer ist hübscher als Naomi Campbell. Oder: *Claudia Schiffer ist genauso / nicht so hübsch wie Naomi Campbell.*

Berufe	Namen
Fotomodell	Marlene Dietrich – Gérard Depardieu
Politiker	Pablo Picasso – Rembrandt
Regisseure	Steven Spielberg – Caroline Link
Fußballtrainer	Karl Lagerfeld – Giorgio Armani
Maler	Johann Wolfgang von Goethe – William Shakespeare
Schriftsteller	Franz Beckenbauer – Jürgen Klinsmann
Schauspieler/innen	John F. Kennedy – Helmut Kohl
Modeschöpfer	Claudia Schiffer – Naomi Campbell

zu Seite 114, 1

19 Persönlicher Brief → SCHREIBEN

Schreiben Sie einen Brief an eine Freundin / einen Freund und berichten Sie von einem Sportunfall, den Sie gehabt haben.

Zürich, den 1. 4. 20. .

Liebe Susanne,
es tut mir wirklich leid, dass ich mich so lange nicht gemeldet habe.
Aber stell Dir vor, was passiert ist! Vor vier Wochen ....
....
....
....
Jetzt kannst Du vielleicht verstehen, warum ....
....
Aber Gott sei Dank geht ....
Du musst Dir also keine ....
Ich freue mich, wenn Du mir bald schreibst.

Deine Carla

zu Seite 114, 4

20 Meinungen äußern → **SPRECHEN**

Suchen Sie sich eine der beiden Aussagen aus und versuchen Sie, Ihre Lernpartnerin / Ihren Lernpartner von dieser Meinung zu überzeugen.

„Ich bewundere Menschen, die Extremsportarten ausüben."

„Sport ist Mord!"

Erst vor Kurzem habe ich gelesen ...
Die Statistik sagt, dass ...
Jeder weiß doch, dass ....
Es ist doch klar, dass ...
Du musst doch zugeben, dass ...
Vergiss bitte nicht, dass ...
Die Leute haben nichts Besseres zu tun, als ...

Beispiel: *Erst vor Kurzem habe ich gelesen, dass in den Alpen jährlich viele Menschen verunglücken, weil sie unvorsichtig sind. Ich finde, man kann nicht genug vor solchem Leichtsinn warnen.*

zu Seite 115, 2

21 Leserbrief → **SCHREIBEN**

a Lesen Sie den folgenden Ausschnitt aus einem Zeitungsartikel.

Abenteuer Everest

1996 machte sich ein Filmteam zusammen mit einer internationalen Bergsteigertruppe auf den Weg zum höchsten Gipfel der Welt. Das Filmmaterial, das sie von dieser Tour mitgebracht haben, dokumentiert in atemberaubender Weise die zwei Seiten des Riesen: die fantastische Schönheit der Natur – und die immensen Gefahren. Tagelange Stürme, bittere Kälte bringen den Menschen bis an die Grenze seiner Leistungsfähigkeit. Acht Bergsteiger starben bei dem Abenteuer – die größte Tragödie in der Everest-Geschichte.

b Halten Sie es für richtig, dass Menschen ihr Leben aufs Spiel setzen, um die höchsten Gipfel der Erde zu besteigen? Schreiben Sie einen Leserbrief zu diesem Thema. Sagen und begründen Sie Ihre Meinung. Beachten Sie dazu die formalen Merkmale eines Leserbriefs.

e und er am Wortende und die Vokale e – i

1 Lied

LERNER-CD 11

a Hören Sie den folgenden Liedtext.

b Lesen Sie den Text und lernen Sie ihn auswendig.

Auf der Mauer, auf der Lauer
sitzt 'ne kleine Wanze.
Auf der Mauer, auf der Lauer
sitzt 'ne kleine Wanze.
Sieh dir mal die Wanze an,
wie die Wanze tanzen kann.
Auf der Mauer, auf der Lauer
sitzt 'ne kleine Wanze.

c Sprechen Sie den Vers. Lassen Sie dieses Mal immer das *e* am Ende von *Wanze* und das *en* bei *tanzen* weg.

d Wiederholen Sie den Vers. Lassen Sie wieder einen Laut weg, sprechen Sie also *Wan-tan*. Machen Sie so weiter, bis die Wörter ganz verschwunden sind.

2 *e – er*

LERNER-CD 12

Hören Sie die folgenden Wortreihen. Sprechen Sie sie anschließend nach.

Liebe	lieber	Liebe
Höhe	höher	Höhe
Größe	größer	Größe
Tiefe	tiefer	Tiefe
übe	über	übe
Länge	länger	Länge
Weite	weiter	Weite

3 Wortpaare

LERNER-CD 13

a Welches Wort hören Sie? Unterstreichen Sie das Wort, das Sie hören.

Studenten	<u>Studentin</u>
leben	lieben
rennen	rinnen
legen	liegen
sprecht	spricht
Meer	mir
Kollegen	Kollegin
der	dir
bitten	betten
sprengen	springen
Leder	Lieder

b Sprechen Sie die Wortpaare selbst.

4 Diktat

Diktieren Sie Ihrer Lernpartnerin / Ihrem Lernpartner Teil **a** oder Teil **b**.

a Abenteurer sucht lustige Begleiterin, die mit ihm durch Urwälder wandert, auf Surfbrettern die Meere unsicher macht und jedes Gebirge erklimmt. Bist du die Richtige? Dann melde dich! Wir können auch die Stürme des Lebens gemeinsam erleben.

b Lust auf Silvester in der Hängematte? Möchte vier Wochen mit dem Fahrrad durch Südamerika fahren. Bin flexibel genug, auch andere Ziele anzusteuern. Welcher Naturfreund ist unternehmungslustig und hat genug Humor, auch mal Kakerlaken zu ertragen? Melde dich bei mir!

Lernkontrolle: Was haben Sie in diesem Kapitel gelernt?

Kreuzen Sie an.

Ich kann ...

Lesen

- ☐ ... Schlagzeilen und Zeitungsausschnitten über einen berühmten Bergsteiger die Kernaussage entnehmen.
- ☐ ... einem Ausschnitt aus einer Biografie über diesen Bergsteiger Detailinformationen entnehmen.
- ☐ ... einem Ratgebertext aus dem Internet Informationen und Empfehlungen für die Planung der eigenen sportlichen Aktivitäten entnehmen und mich dabei über Vor- und Nachteile verschiedener Sportarten informieren.
- ☐ ... einer Chronik Hauptinformationen entnehmen.

Hören

- ☐ ... einer Radiosendung über die Trendsportart *Nordic Walking* Hauptinformationen entnehmen.
- ☐ ... kontroverse Meinungen und Urteile über diese Sportart verstehen.

9

Schreiben – Interaktion

- ☐ ... einen Leserbrief zu einem Zeitungsbericht über tödliche Unfälle in den Bergen verfassen und dabei die Textsortenmerkmale des formellen Briefes anwenden.

Sprechen – Produktion

- ☐ ... eine Person auf einem Foto beschreiben.
- ☐ ... interessante Ergebnisse aus einem Interview vorstellen.
- ☐ ... über die eigenen sportlichen Aktivitäten berichten.

Sprechen – Interaktion

- ☐ ... mich in einem Interview zum Thema *Traumberuf* über Träume und Ziele äußern.
- ☐ ... in einer Diskussion meine Meinung über Gefahren beim Sport äußern und auf die Meinung anderer eingehen.

Wortschatz

- ☐ ... Nomen und Ausdrücke zum Wortfeld *Sport* verwenden.
- ☐ ... die Verben *spielen* und *machen* zur Beschreibung von Sportarten korrekt einsetzen.
- ☐ ... Landschaften, Klima und Merkmale von Landschaften durch Nomen und Adjektive benennen.

Grammatik

- ☐ ... Formen des Vergleichs und des Superlativs richtig einsetzen.
- ☐ ... Ordnungszahlen zum Ausdruck von Reihenfolgen formal richtig bilden.

Sprechen Sie mit Ihrer Kursleiterin / Ihrem Kursleiter über Tipps zum Weiterlernen.

Verben

ableiten von + *Dat.*
besorgen für + *Akk.*
einschalten
erhalten
färben
feststellen
halten von + *Dat.*
kombinieren
loben für + *Akk.*
passen
sich kleiden
teilhaben an + *Dat.*
tragen
zusammenhängen mit + *Dat.*

Nomen

das Abendkleid, -er
der Absatz, ¨-e
das Accessoire, -s
der Anlass, ¨-e
die Armbanduhr, -en
die Baumwolle
die Boutique, -n
der Designer, -
der Einkaufsbummel, -
der Entwurf, ¨-e
die Freizeitkleidung
die Gelegenheit, -en
die Größe, -n
der Hosenanzug, ¨-e
die Jeans, -
die Kleidung
das Kleidungsstück, -e
die Kollektion, -en
das Leder
das Leinen
die Linie, -n
der Markenname, -n
das Material, -ien
die Mode, -n
der Modedesigner, -
die Modenschau, -en
der Modeschöpfer, -
die Modeströmung, -en
der Overall, -s
der Pelz, -e
der Reißverschluss, ¨-e
der Schnitt, -e
der Stil, -e
die Stilrichtung, -en
der Stoff, -e
das Tuch, ¨-er
der Wandel

Adjektive/Adverbien

anliegend
bequem
bunt
dringend
einfach
einfarbig
eng
geblümt
gestreift
kariert
modisch
nüchtern
robust
sichtbar
weiblich
weit

Ausdrücke

den Eindruck erwecken
den Preis erstatten
den Vorzug geben
ein Kleidungsstück tragen
einen Wunsch erfüllen
im Vordergrund stehen
in Mode sein/kommen
jemanden um Hilfe bitten
wie angegossen passen
zur Blüte kommen

10

1 Wortfeld *Mode* → WORTSCHATZ

Ordnen Sie zu.

einfarbig – weiblich – geblümt – eng – bunt – ~~Tuch~~ – Pelz – Hemd – Stoff – Handtasche – Hosenanzug – kariert – gestreift – Armbanduhr – anliegend – Kostüm – Baumwolle – weit – Ohrring – Leder

Accessoire	Material	Muster	Form	Kleidungsstück	Farbe
Tuch					

zu Seite 117

2 Interview mit Karl Lagerfeld → **LESEN**

Ordnen Sie die Antworten den Fragen zu.

FRAGEBOGEN

Wenn ich König von Deutschland wäre ...

Interview mit Karl Lagerfeld

Welche Hymne würden Sie wählen?	*Ich hoffe, so geliebt zu werden, dass ich keine brauche.*
Welches Symbol wäre auf Ihrer Staatsflagge?	*Ein Eisschrank voll mit Cola.*
Wer dürfte Ihre Kleidung schneidern?	*Bei meinem „tugendhaften“[1] Lebenswandel?*
Wohin dürften Ihre Bodygards Sie auf keinen Fall begleiten?	*BMW[2] könnte was Nettes entwerfen.*
Was müsste unbedingt in Ihrem Büro stehen?	*Etwas, was Deutschland definiert, aber im Rahmen von Europa.*
In welchem Fortbewegungsmittel würden Sie sich in der Öffentlichkeit bewegen?	*Ich kann auch Boss[3] von der Stange tragen.*
An welchem Skandal könnten Sie scheitern?	*Ich würde Elton John bitten, mir eine zu komponieren.*

[1] „ordentlich“ [2] Automarke [3] Modemarke

zu Seite 119, 3

3 Berühmte Modeschöpfer: Jil Sander → **WORTSCHATZ**

Lesen Sie den Text und ergänzen Sie die folgenden Wörter.

Laden – Boutiquen – Modeschöpferin – Kollektion – Markennamen – Mode – Qualität

JIL SANDER: Königin des Purismus

Kunst des Weglassens steht für Jil Sanders ...Marken-...namen... . Die .... von Jil Sander spricht eine leise, sehr klare Sprache. Wie kaum eine andere .... beherrscht sie es, sich auf das Wesentliche zu beschränken. Ihr Look ist einfach, schlicht und zeitlos und von höchster ...., was Stoffe und Material betrifft.

Aus dem Nichts ein weltweites Imperium

In der Milchstraße, in Hamburg-Pöseldorf, hat alles angefangen. Dort eröffnete Jil Sander 1968 ihren ersten .... Ihre erste eigene .... brachte sie fünf Jahre später, 1973, auf den Markt. Heute gibt es .... in aller Welt. Inzwischen hat sich die Firmengründerin aus dem aktiven Geschäftsleben zurückgezogen.

zu Seite 119, 5

4 Partizip I → **GRAMMATIK**

Ordnen Sie ein passendes Nomen zu und bilden Sie das Partizip I in der richtigen Form.

a	leucht*ende*......	Outfit
b	weich fall......	Kleid
c	ein gut ausseh......	Farben
d	das pass......	Model
e	ein eng anlieg......	Kragen
f	ein hoch steh......	Stoff

LEKTION 10

zu Seite 119, 6

5 Partizip II → GRAMMATIK

Ergänzen Sie das Partizip II.

- a) Die stark ....geschminkten.... Augen. (schminken)
- b) Die tief .... Haut. (bräunen)
- c) Der klassisch .... Anzug. (schneiden)
- d) Der hoch-.................... Rollkragenpullover. (schließen)
- e) Der .... Rock. (schlitzen)
- f) Die .... Stiefel. (schnüren)
- g) Die .... Nase. (pudern)
- h) Die .... Hemdjacke. (knöpfen)
- i) Die .... Taschen. (aufsetzen)

zu Seite 119, 6

6 Partizip I oder II? → GRAMMATIK

Ergänzen Sie das Partizip I oder II in der richtigen Form.

- a) Fast hätte ich dich mit den ....gefärbten.... (färben) Haaren nicht wiedererkannt.
- b) Wir betrachteten still die gerade .... (aufgehen) Sonne.
- c) Die Polizei hat meine .... (stehlen) Brieftasche gefunden.
- d) Ich hätte gern frisch .... (pressen) Orangensaft.
- e) Die Lehrerin gab die .... (korrigieren) Aufsätze zurück.
- f) Geh nicht mit den frisch .... (waschen) Haaren aus dem Haus.
- g) Ich hätte gern eine dazu .... (passen) Bluse.
- h) Wir gingen trotz der .... (glühen) Hitze spazieren.
- i) Schicken Sie bitte den .... (unterschreiben) Vertrag zurück.
- j) Du hast die .... (brennen) Zigarette liegen lassen!
- k) Das kürzlich .... (erscheinen) Buch von Ihnen hat mir sehr gut gefallen.

zu Seite 120, 2

7 Adjektive → WORTSCHATZ

a) Bilden Sie Komposita.

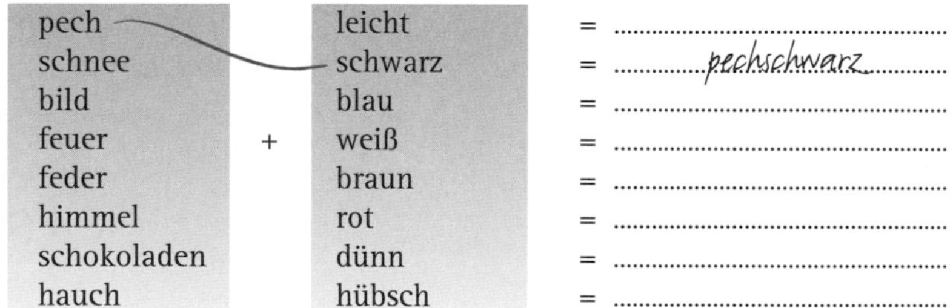

pech
schnee
bild
feuer
feder
himmel
schokoladen
hauch
+
leicht
schwarz
blau
weiß
braun
rot
dünn
hübsch
= ....
= ....pechschwarz....
= ....
= ....
= ....
= ....
= ....
= ....

b) Kombinieren Sie die Adjektive mit passenden Nomen.
Beispiel: pechschwarzes Haar

zu Seite 121, 4

8 Abkürzungen → WORTSCHATZ

Ordnen Sie die Bedeutungen den Abkürzungen zu.

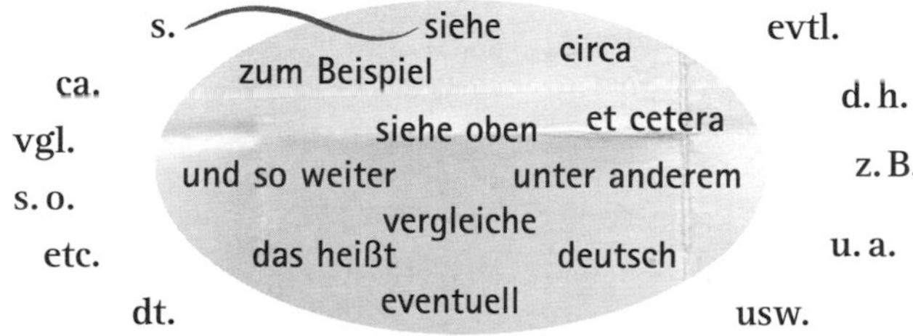

zu Seite 121, 5

9 Modeströmungen → LESEN

Lesen Sie den folgenden Artikel aus einer Jugendzeitschrift und ordnen Sie die Bilder A bis E den Textabschnitten zu.

[A] Nie waren Klamotten* so bunt wie heute: Die Mode der Techno-Generation erobert mit Farbschocks die Kleiderschränke. Was früher unmöglich war, ist heute erlaubt, ☐ zum Beispiel wildes Kombinieren von Mustern und Stoffen.

☐ Auf dem Kopf Piratentücher, Kappen und Mützen in allen Variationen.

☐ An den Füßen trägt man Schuhe oder Stiefel mit dicken Sohlen, je höher, desto besser.

Was gehört noch zur Techno-Mode? Schrille Brillen, Ringe in Ohren, Nasen, Bauchnabel, Augenbrauen und Lippen.

☐ Die „Uniform" der Achtziger – Jeans, Sweatshirt und Basketball-Schuhe – gehört endlich in die Altkleider-Sammlung.

In den Neunzigern will jeder einzigartig und verrückt sein und aussehen. Den Trend machen die jungen Leute, und noch reagieren viele Ältere schockiert. Doch sicher nicht mehr lange! Die Techno-Mode hat bereits die Laufstege der internationalen Modemacher erobert.

*umgangssprachlich für Kleidung

zu Seite 122, 4

10 Textrekonstruktion *Aschenputtel* → LESEN

Bringen Sie die folgenden Textstücke A bis F in die richtige Reihenfolge, sodass sich eine Inhaltsangabe des Märchens *Aschenputtel* ergibt.

[1] A Ein reicher Mann hatte eine Frau und eine Tochter. Das Mädchen versprach seiner Mutter, die todkrank war, gut und fromm zu sein. Daraufhin starb die Mutter.

[ ] B Da ging sie zum Grab und wünschte sich ein wunderschönes Kleid, das sie auch von dem Vogel bekam. Sie lief zum Fest, wo niemand sie erkannte, weil sie so wunderschön war. Der Königssohn tanzte mit ihr. Als er sie nach Hause bringen wollte, lief Aschenputtel schnell weg. Da verlor sie ihren Schuh.

[ ] C Einmal brachte der Vater den Stieftöchtern schöne Kleider mit und Aschenputtel einen Zweig, den sie sich gewünscht hatte. Aschenputtel pflanzte den Zweig auf das Grab ihrer Mutter. Aus diesem Zweig wurde ein Baum, auf dem ein Vogel saß. Wenn Aschenputtel sich etwas wünschte, erfüllte der Vogel ihr den Wunsch.

[ ] D Eines Tages gab der König ein großes Fest für seinen Sohn, der eine Braut suchte. Auch die beiden Stiefschwestern gingen zu diesem Fest. Aber Aschenputtel musste zu Hause bleiben, weil sie keine schönen Kleider hatte.

[ ] E Der Königssohn fand den Schuh und sagte, dass er das Mädchen, dem dieser Schuh gehöre, heiraten wolle. Nach langem Suchen fand er Aschenputtel. Der Schuh passte ihr wie angegossen. Die beiden heirateten und waren glücklich und zufrieden bis an ihr Ende.

[ ] F Nach einiger Zeit heiratete der Mann eine andere Frau, die zwei Töchter hatte. Die Stiefschwestern und die Stiefmutter behandelten das Mädchen schlecht. Sie nahmen ihr alle schönen Kleider weg. Für das arme Mädchen begann eine furchtbare Zeit. Sie musste neben dem Herd in der Asche liegen. Deshalb wurde sie Aschenputtel genannt.

LEKTION 10

zu Seite 123, 3

11 Einkaufsbummel → WORTSCHATZ

Ergänzen Sie den folgenden Dialog.

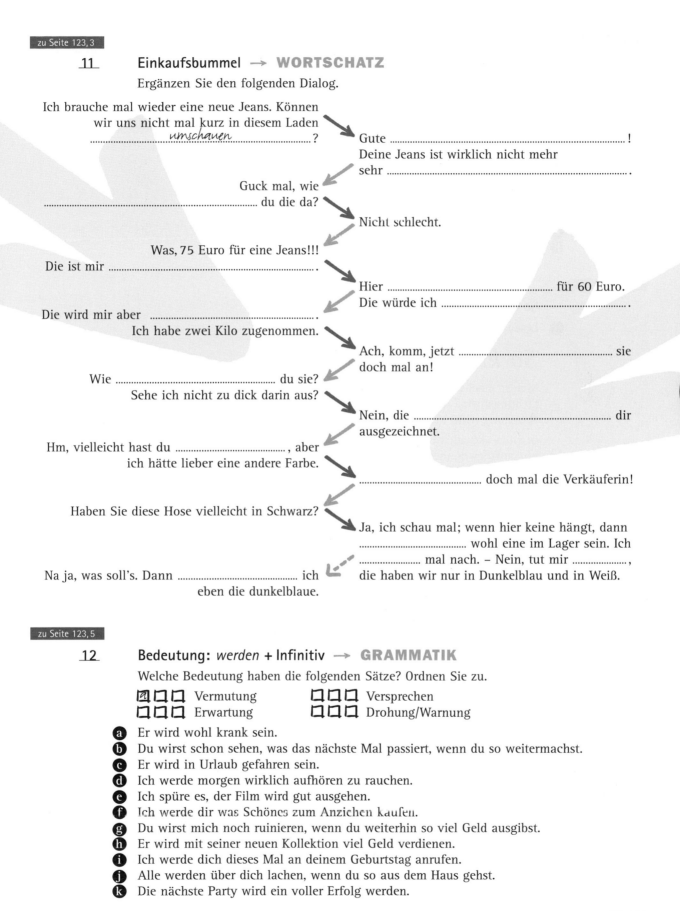

Ich brauche mal wieder eine neue Jeans. Können wir uns nicht mal kurz in diesem Laden umschauen?

Gute .... !
Deine Jeans ist wirklich nicht mehr sehr ....

Guck mal, wie .... du die da?

Nicht schlecht.

Was, 75 Euro für eine Jeans!!!
Die ist mir ....

Hier .... für 60 Euro.
Die würde ich ....

Die wird mir aber ....
Ich habe zwei Kilo zugenommen.

Ach, komm, jetzt .... sie doch mal an!

Wie .... du sie?
Sehe ich nicht zu dick darin aus?

Nein, die .... dir ausgezeichnet.

Hm, vielleicht hast du ...., aber ich hätte lieber eine andere Farbe.

.... doch mal die Verkäuferin!

Haben Sie diese Hose vielleicht in Schwarz?

Ja, ich schau mal; wenn hier keine hängt, dann .... wohl eine im Lager sein. Ich .... mal nach. – Nein, tut mir ...., die haben wir nur in Dunkelblau und in Weiß.

Na ja, was soll's. Dann .... ich eben die dunkelblaue.

zu Seite 123, 5

12 Bedeutung: *werden* + Infinitiv → GRAMMATIK

Welche Bedeutung haben die folgenden Sätze? Ordnen Sie zu.

☒☐☐ Vermutung ☐☐☐ Versprechen
☐☐☐ Erwartung ☐☐☐ Drohung/Warnung

- a Er wird wohl krank sein.
- b Du wirst schon sehen, was das nächste Mal passiert, wenn du so weitermachst.
- c Er wird in Urlaub gefahren sein.
- d Ich werde morgen wirklich aufhören zu rauchen.
- e Ich spüre es, der Film wird gut ausgehen.
- f Ich werde dir was Schönes zum Anziehen kaufen.
- g Du wirst mich noch ruinieren, wenn du weiterhin so viel Geld ausgibst.
- h Er wird mit seiner neuen Kollektion viel Geld verdienen.
- i Ich werde dich dieses Mal an deinem Geburtstag anrufen.
- j Alle werden über dich lachen, wenn du so aus dem Haus gehst.
- k Die nächste Party wird ein voller Erfolg werden.

zu Seite 123, 5

13 Vermutungen → GRAMMATIK

Formen Sie die folgenden Sätze um. Achten Sie auf die Zeit.
Beispiel: Wahrscheinlich ist mir die Hose zu klein.
Die Hose wird mir zu klein sein.

- a Die Jacke ist wahrscheinlich nicht ganz billig.
- b Ich bin mir fast sicher, dass sie meinem Freund gefällt.
- c Er hat vermutlich mal wieder zu viel getrunken.
- d Das Flugzeug hat sehr wahrscheinlich Verspätung.
- e Er hat wahrscheinlich keine Lust.
- f Ich vermute, sie ist in einen Stau gekommen.
- g Wahrscheinlich ist er krank geworden.
- h Er ist wohl beim Friseur.

zu Seite 125, 8

14 So kleidet Man(n) sich → LESEN

a Lesen Sie den folgenden Zeitungsartikel.

So kleidet Man(n) sich

Kleider machen Leute – ein altes Sprichwort. Doch ist Mode nur Lieblingsthema der Frauen? Die Nürnberger Gesellschaft für Konsumforschung (GfK) zumindest behauptet das.

In einer aktuellen Studie wurden 1500 deutsche Männer nach ihren Einkaufsgewohnheiten befragt, nach der Bedeutung, die sie ihrer Bekleidung beimessen, wie viel Geld sie im Jahr ausgeben und nach welchen Kriterien sie einkaufen.

Was herauskam, ist kaum zu glauben: Der deutsche Mann ist ein Modemuffel. Zwei Drittel aller Männer gehen maximal dreimal im Jahr einkaufen, über 80 Prozent geben dabei nicht mehr als 500 Euro aus. Nur die jungen Leute (unter 49 Jahren) haben Spaß an der Mode und am Einkaufen. 77 Prozent aller Männer verbrauchen dieses Jahr voraussichtlich genauso viel wie letztes Jahr, 20 Prozent möchten gern ein paar Euro sparen.

Die Wertmaßstäbe beim Kleidungskauf sind ein gutes Preis-Leistungs-Verhältnis (71 Prozent), exzellente Qualität (45,3 Prozent) und ein günstiger Preis (knapp 40 Prozent). Auf die Frage: „Was braucht der deutsche Mann, um glücklich zu sein?“ antworteten die meisten: „Jeans, T-Shirt, Sweatshirt und Sportjacke“ – aus dem Kaufhaus (69 Prozent), dem Fachgeschäft (28 Prozent) oder aus dem Katalog (17 Prozent).

b Welche der Aussagen sind richtig, welche falsch?

		richtig	falsch
1	Man hat deutsche Männer und Frauen gefragt, wie wichtig ihnen Mode ist.	☐	☒
2	Hauptsächlich Frauen interessieren sich für Mode.	☐	☐
3	Ungefähr 60 Prozent der Männer gehen mindestens dreimal pro Jahr einkaufen.	☐	☐
4	80 Prozent geben höchstens 500 Euro jährlich für Kleidung aus.	☐	☐
5	Das Wichtigste beim Einkauf von Kleidern ist, dass sie billig sind.	☐	☐
6	Die meisten kaufen in speziellen Modeboutiquen.	☐	☐

zu Seite 126, 2

15 Reklamation → SCHREIBEN

a Lesen Sie den folgenden Brief und kreuzen Sie an, welches Wort passt.
b Schreiben Sie das richtige Wort in die Lücke.

Absender
Empfänger

Ort, Datum

..........Reklamation.......... (1) Ihrer Lieferung vom 13. 2.
.... (2) Damen und Herren,
.... (3) finden Sie die Jacke, die ich bei Ihnen am 6. 2. schriftlich .... (4) habe.
Leider musste ich .... (5), dass die Jacke nicht die Größe hat, die ich angegeben hatte.
.... (6) ist sie auch nicht grün, wie ich wollte, ... (7) rosa. Ich möchte Sie deshalb bitten, die Jacke .... (8) und mir das Geld zu .... (9).

Mit freundlichen Grüßen

Franziska Bräuer

1	☐ Beschwerde	☐ Umtausch	☒ Reklamation
2	☐ Liebe	☐ Sehr geehrte	☐ Verehrte
3	☐ in der Anlage	☐ beiliegend	☐ mit getrennter Post
4	☐ angefordert	☐ bestellt	☐ gekauft
5	☐ feststellen	☐ merken	☐ auffallen
6	☐ außerdem	☐ allerdings	☐ andernfalls
7	☐ aber	☐ sondern	☐ auch
8	☐ zurückzunehmen	☐ auszutauschen	☐ umzutauschen
9	☐ erstatten	☐ ersetzen	☐ bestatten

zu Seite 127, 2

16 Gesprochene Sprache → SPRECHEN

Unterstreichen Sie, was typisch ist für die gesprochene Sprache.
Ordnen Sie die unterstrichenen Beispiele in die Tabelle ein.

Modalpartikeln	Ausdrücke/ Formulierungen	Hauptsatz nach *weil*	Abkürzungen
eigentlich	absolut		

- ■ Eigentlich mag ich Jeanshosen überhaupt nicht. Weil ... ich mag den Stoff nicht so arg, der ist ein bisschen fest und das gefällt mir eigentlich nicht so. Aber er ist schön warm und deswegen hab ich das ganz gerne, vor allem, wenn es regnet, dann ist das ganz angenehm.
- ● Hallo, Sie tragen eine Jeans. Ist das Ihre Lieblingskleidung, oder ...?
- ▲ Ja, absolut. Ich liebe Jeans. Das sind meine absoluten Lieblingshosen. Immer schon gewesen. Weil man 'ne Jeanshose anziehen kann, wenn man Kinder hat, weil man 'ne Jeanshose anziehen kann, wenn man in die Arbeit muss, und weil man 'ne Jeanshose anziehen kann, wenn man abends mit Freunden Essen gehen will. Passt einfach zu allem und die sind vor allem wahnsinnig bequem, weil ... die sind ja aus Baumwolle und Baumwolle passt sich ja an, die wachsen so mit.

zu Seite 127, 2

17 *Eigentlich* und *einfach* → SPRECHEN

Welche Bedeutung haben *eigentlich* und *einfach*? Ordnen Sie zu.

	Benutzt man ...
a Die Hose ist schön, aber eigentlich brauche ich sie nicht.	1 wenn man einer Frage mehr Gewicht geben möchte.
b Wie viel kostet die Jeans eigentlich?	2 wenn man etwas betonen/ verstärken möchte.
c Die Jeans ist mir einfach zu teuer.	3 als umgangssprachliches Synonym für *im Grunde*.

zu Seite 127, 2

18 *Eigentlich* oder *einfach?* → SPRECHEN

Ergänzen Sie.

a Ich bin so müde. Ich will ....einfach........ nur schlafen! Sonst nichts.
b Anfangs fand ich ihn total unsympathisch. Aber .... ist er ganz nett.
c .... finde ich Jeans blöd. Aber sie sind so bequem.
d Ich hatte so viel Spaß! Es war .... ein schöner Tag!
e Hast du .... deine Hausaufgaben schon gemacht?
f Keine Ahnung, wo Carlo ist. Er ist .... gegangen, ohne etwas zu sagen.
g Oh Gott! Schon so spät! .... wollte ich schon längst nach Hause gehen.
h Darf ich dich mal was fragen? Wie alt bist du ....?
i Das geht doch nicht! Du kannst doch jetzt nicht .... absagen!

10

zu Seite 127, 2

19 Modalpartikel *ja* → SPRECHEN

Die Partikel *ja* benutzt man
1 in Aussagesätzen, wenn man auf etwas Bekanntes hinweisen oder etwas begründen will.
2 in Ausrufesätzen, wenn man Erstaunen ausdrücken möchte.
3 im Imperativ, wenn man Ratschläge oder Warnungen verstärken möchte. (In diesem Fall ist „ja“ betont, sonst unbetont.)

Welche Bedeutung hat *ja* in den folgenden Sätzen? Ordnen Sie zu.

a Oh Gott! Die Hose ist ja viel zu eng! ....2....
b Zieh dich ja schick an. Das ist eine Cocktail-Party. ....
c Du weißt ja, dass Marlene auch kommt. ....
d Und sei ja pünktlich! ....
e Das passt ja überhaupt nicht zu dem Anzug! ....
f Ich bin ja nicht blöd! ....

LEKTION 10 – *Aussprachetraining*

lange und kurze Vokale

1 Gedicht

LERNER-CD 14

a Lesen Sie das Gedicht einmal leise für sich. Unterstreichen Sie die langen Vokale.

Der Herr von Hagen

Herr von Hagen,
darf ich's wagen,
Sie zu fragen,
welchen Kragen
Sie getragen,
als Sie lagen,
krank am Magen,
im Spital
in Kopenhagen?

b Hören Sie das Gedicht von der CD.
Korrigieren Sie Ihre Unterstreichungen, wo nötig.

c Lesen Sie das Gedicht laut.

2 Kurz oder lang?

Lesen Sie die Wörter laut.

	kurz		lang
a	Jacke, Kontrast	a	Saal, Nase
ä	Ohrläppchen, lächeln	ä	ähnlich, Ärger
e	Hemd, Kette	e	Leder, Regen
i	Ring, Lippen, dick	i	Stil, Stiefel
o	Wolle, Hochzeit	o	Hose, Sohle, rot
ö	möchte, Röcke	ö	Söhne, Lösung
u	Duft, kurz, Verschluss	u	Bluse, Hut, Schuh
ü	Mütze, dünn	ü	Füße, düster, Kostüm

3 Wortpaare

LERNER-CD 15

Hören Sie die folgenden Wortpaare und sprechen Sie sie nach.

a		u		i		o	
kam	Kamm	Wüste	wusste	Stil	still	Mode	Motte
Schal	Schall	Hüte	Hütte	Wiese	wissen	Sohle	soll
warte	Watte	fühlen	füllen	Riese	Riss	Hof	hoffen
jagen	Jacken	Sturm	stumm	schief	Schiff	wohl	Wolle
lag	Lack			Liebe	Lippe	Sport	Spott

4 Regel zu langen und kurzen Vokalen

Ergänzen Sie weitere Beispiele aus Übung 2 und 3.

Der Vokal ist ...		Beispiele
immer kurz:	Vokal und Doppelkonsonant:	Lippe
oft kurz:	Vokal und zwei oder mehr Konsonanten:	Duft
	Vokal und *ck*:	Röcke
	Vokal und *tz*:	Mütze
immer lang:	*aa/ee/oo*:	Saal
	ie:	Liebe
	Vokal und *h*	ähnlich
	Vokal + Konsonant + Vokal:	Bluse
oft lang:	Vokal und Konsonant am Wortende:	rot

10

Lernkontrolle: Was haben Sie in diesem Kapitel gelernt?

Kreuzen Sie an.

Ich kann ...

Lesen

- ☐ ... einen Sachbuchtext über den Modeschöpfer Karl Lagerfeld in seinen Hauptaussagen verstehen.
- ☐ ... einen ausführlichen Lexikonartikel über das Stichwort *Mode* kursorisch lesen und die Hauptaussagen entnehmen.
- ☐ ... die Beschreibungen von Moderichtungen und Kleidungsstilen aus einem Sachbuch über Herren- und Damenmode verstehen.

Hören

- ☐ ... das Märchen *Aschenputtel* hören, dem Handlungsablauf folgen und wichtige Details verstehen.
- ☐ ... einem Radiofeature über den Erfinder der Jeans und die weltweite Verbreitung dieses Kleidungsstücks die Hauptinformationen und Einzelheiten entnehmen.

Schreiben - Interaktion

- ☐ ... ein einfaches Reklamationsschreiben verfassen und dabei die Merkmale des formellen Briefes einsetzen.

Sprechen - Produktion

- ☐ ... über eine Person spekulieren.
- ☐ ... das Märchen *Aschenputtel* nacherzählen.

Sprechen - Interaktion

- ☐ ... in einer Einkaufssituation den Gesprächspartner beraten.
- ☐ ... die Rolle des Kunden übernehmen.
- ☐ ... in der Rolle des Verkäufers einem Kunden etwas empfehlen.

Wortschatz

- ☐ ... Nomen zum Wortfeld *Kleidungsstücke, Schuhe, Accessoires* verwenden.
- ☐ ... deren Farbe, Material, Muster und Schnitte mithilfe von Nomen und Adjektiven genau beschreiben.

Grammatik

- ☐ ... die Formen von Partizip I und Partizip II in ihren unterschiedlichen Funktionen korrekt verwenden.
- ☐ ... *werden* + Infinitiv zum Ausdruck von Vermutung, Bekräftigung oder Drohung verwenden.
- ☐ ... Zukünftiges korrekt ausdrücken.

Sprechen Sie mit Ihrer Kursleiterin / Ihrem Kursleiter über Tipps zum Weiterlernen.

LEKTION 6

S. 75/1 Welche Filme gibt es: Horrorfilme, Abenteuerfilme, Action-Filme, Amateurfilme, Komödien, Stummfilme, Tonfilme, Western, Zeichentrickfilme.
Was braucht man, ...: Drehbuch, Autor, Darsteller, Kameramann, Kostüm, Kostümdesigner, Produzent, Regisseur, Schauspieler.
Personen beim Film: Schauspieler, Darsteller, Hauptdarsteller, Kameramann, Kostümdesigner, Produzent, Regisseur, Schauspieler, Star.
Wie kann man ...: spannend, aufregend, einfallsreich, erfolgreich, ernst, extravagant, humorlos, klassisch, melancholisch, professionell, raffiniert, sachlich, schrecklich, spektakulär, umstritten, unterhaltsam, witzig.
S. 76/2 a) 1 Ein Relativsatz spezifiziert ein Nomen. 2 ... Deshalb steht das Verb am Ende. 3 Ein Relativsatz steht meist hinter dem Nomen, das er näher bestimmt.
b) 1 das Buch. es / Er hat das Buch, das ihn interessiert, gekauft. 2 Peter. ihn / Ich bin mit Peter, den ich ganz zufällig getroffen habe, ins Kino gegangen. 3 Herr Müller. seine Frau / Herr Müller, dessen Frau auch bei uns arbeitet, wartet schon am Eingang. 4 Zettel. darauf / Wo ist der Zettel, auf den ich eine Telefonnummer geschrieben habe? 5 Markus. auf ihn / Markus ist ein Freund, auf den man sich verlassen kann.
S. 76/3 a) (2) die; (3) deren; (4) der; (5) die; (6) die; (7) der; (8) die; (9) der; (10) deren
b) (1) den; (2) der; (3) den; (4) der; (5) den; (6) den; (7) dessen; (8) den; (9) den
c) (1) das; (2) das; (3) das; (4) dessen; (5) das; (6) dem; (7) dem; (8) dessen; (9) das.
S. 77/4 b) denen; c) was; d) den; e) der; f) was; g) dessen; h) den; i) die; j) die; k) den; 1) in dem / wo; m) was
S. 77/5 (Lösungsbeispiele) (1) Ein Mondgesicht ist **ein Gesicht, das** wie der Mond aussieht. (2) Ein Notizbuch ist **ein Buch, in das** man Notizen schreibt. (3) Ein Liebesbrief ist **ein Brief, in dem** man jemandem seine Liebe erklärt. (4) Ein Luftballon ist **ein Ballon, der** mit Luft gefüllt ist. (5) Ein Bierbauch ist **ein Bauch, den** Biertrinken dick gemacht hat. (6) Eine Reisetasche ist **eine Tasche, die** man für die Reise braucht. (7) Eine Brieftaube ist **eine Taube, die** Briefe transportiert. (8) Ein Stummfilm ist **ein Film, in dem** nicht gesprochen wird. (9) Eine Giftschlange ist **eine Schlange, die** giftig ist. (10) Ein Seeräuber ist **ein Mann, der** auf See Schiffe ausraubt. (11) Eine Flaschenpost ist **eine Post, die** mit der Flasche kommt. (12) Ein Regenwurm ist **ein Wurm, der** bei Regen aus der Erde kommt.
S. 78/7 a) (12) Film; (4) Schauspieler; (5) Kamera; b) (11) Maske; (10) schminken; c) (6) Aufnahmen; d) (8) Drehort; e) (15) Stummfilme; f) (9) Regie; g) (1) Regisseure; h) (13) Kino; i) (7) Tragödie; j) (14) Rolle; k) (3) Drehbuch; l) (2) Komödie; Lösungswort (16) Zeichentrickfilme
S. 79/8 a) Regisseur, Trickstudio, Fassung, Zeichentrickfilm, Musik, Sprecher, Kinospaß;
b) 2/D, 3/B, 4/F, 5/C, 6/G, 7/E
S. 80/9 a) (2) Mein Deutsch wird immer besser, **weil** ich mir oft deutsche Filme ansehe. (3) Ich bin zu spät ins Bett gegangen, **denn** ich habe im Fernsehen einen spannenden Film gesehen. (4) Ich bin im Kino eingeschlafen, **weil** der Film so langweilig war. (5) Sie hat in einem berühmten Film mitgespielt, **deshalb** ist sie weltbekannt geworden. (6) Ich liebe Naturfilme, **aus diesem Grund** habe ich mir eine Videokassette über den Nationalpark „Bayerischer Wald" ausgeliehen.
b) Sätze 1, 5 und 6 – Gruppe 2 (Hauptsatz + Hauptsatz, Konnektor auf Position 1); Sätze 2 und 4: Gruppe 3 (Hauptsatz + Nebensatz); Satz 3 – Gruppe 1 (Hauptsatz + Hauptsatz, Konnektor auf Position 0)
S. 80/10 (Lösungsbeispiele) a) ..., weil ich eine gute Note in Deutsch habe. b) ..., denn es läuft ein spannender Film. c) ... . Deshalb möchte er sie bald heiraten. d) ..., denn ich habe deinen Geburtstag vergessen. e) ..., weil die Sprache so schwierig ist. f) ... . Aus diesem Grund mache ich eine Therapie. g) ..., weil ich meinen Schlüssel verloren habe.
S. 81/11 a) Er spielt in dem neuen Film nur eine kleine Nebenrolle, obwohl er ein sehr bekannter Schauspieler ist. b) Ich hatte hohes Fieber. Trotzdem bin ich ins Kino gegangen. c) Obwohl er erst fünf Jahre alt ist, hat er sich einen Krimi angesehen. d) Mein Deutsch ist eigentlich nicht schlecht. Dennoch habe ich den Film überhaupt nicht verstanden. e) Der Film war langweilig. Trotzdem hat er eine sehr gute Kritik bekommen. f) Ich sehe mir eigentlich nie Krimis an, aber heute habe ich eine Ausnahme gemacht.
S. 81/12 a) (Lösungsbeispiele) 1 ... obwohl er gar kein Talent hat. 2 ... Trotzdem sind sie sehr glücklich miteinander. 3 ... Dennoch isst sie manchmal Fleisch. 4 ..., aber ich kann ihn nicht empfehlen. 5 ..., obwohl ich eine starke Erkältung habe. 6 ... . Trotzdem hat sie keinen Freund. 7 ..., obwohl ein wichtiger Anruf kommen könnte. 8 ..., aber er hat ihn immer noch nicht verstanden.
b) (Lösungsbeispiele) (5) Obwohl ich eine starke Erkältung habe, gehe ich heute ins Kino. (7) Obwohl ein wichtiger Anruf kommen könnte, gehe ich heute Abend nicht ans Telefon.
S. 81/13 b) weil; c) Deshalb; d) Trotzdem; e) Obwohl; f) Deshalb; g) obwohl; h) Trotzdem; i) obwohl; j) denn; k) aber
S. 81/15 (2) Da entdeckt sie ...; (3) Die Welt der Musik ...; (4) Aber Lara ...; (5) Mit 18 beschließt ...
S. 83/16 a) Ach, tut mir leid ...Was hältst du von einer Komödie? b) Das ist eine gute Idee. Das wollte ich schon immer ... c) Na ja, ich weiß nicht ... einen anderen Vorschlag. Lass uns doch ins Kino gehen. d) Wie wär's, wenn wir ein paar Freunde einladen und uns das Spiel gemeinsam ansehen? e) Das ist ein guter Vorschlag ... Wir könnten uns aber natürlich am nächsten Wochenende treffen.
S. 83/17 a) sie / um zu / zuvor / ... sehen möchte / es ihm / einem / erleben / dem / überzeugend / Obwohl / Zuschauer
S. 84/18 zerstört, Natur, Sinnlosigkeit, Blumen, Leben, Tod, Gräbern
S. 84/19 a) Können Sie mir sagen, welche Schauspieler mitspielen? / Wissen Sie, welche Schauspieler mitspielen? b) Können Sie mir sagen, wie lange der Film dauert? / Wissen Sie, wie lange der Film dauert? c) Können Sie mir sagen, wer in dem Film mitgespielt hat? / Wissen Sie, wer in dem Film mitgespielt hat? d) Können Sie mir sagen, wo der Film gedreht wurde? / Wissen Sie, wo der Film gedreht wurde? e) Können Sie mir sagen, wie viel die Filmproduktion gekostet hat? / Wissen Sie, wie viel die Filmproduktion gekostet hat? f) Können Sie mir sagen, in welchem Kino ich mir den Film ansehen kann? / Wissen Sie, in welchem Kino ich mir den Film ansehen kann?
S. 85/2 Pflug, Flüge, Pflaume, Flamme, Pfote, Koffer, Affe

LEKTION 7

S. 88/2 b) um; c) ab; d) entgegen; e) beim; f) zum; g) um; h) in der; i) aus ... heraus; j) über; k) um; l) ins; m) an; n) aus; o) von ... aus
S. 89/3 b) bei; c) aus; d) nach; e) aus; f) bei; g) aus; h) von; i) aus; j) aus; k) von / aus
S. 89/4 a) (1) hinter, neben, über, unter, vor, zwischen; (2) Dativ; (3) Akkusativ
b) 2 einem; 3 der; 4 den; 5 dem; 6 die; 7 der; 8 das; 9 der; 10 den; 11 dem; 12 den; 13 einem; 14 dem
S. 89/5 b) auf einem Campingplatz am Bodensee; c) in einer Pension im Bayerischen Wald; d) in/auf einer Hütte in den Alpen; e) auf einer Insel in der Karibik; f) auf einem Bauernhof in Österreich; g) bei Freunden in Paris; h) auf einem Schiff im Pazifik
S. 90/6 b) bei; c) bei; d) um die; e) über; f) aus der; g) bis; h) nach; i) vom ... aus; j) von/nach; k) nach/aus; 1) von
S. 90/7 a) Die Ameisen: In, nach, auf; Er hatte zu viel Geld: um
S. 90/8 b) Kreuzfahrtschiff; c) Jugendherberge; d) Ballon; e) Campingplatz; f) Wohnwagen; g) Fähre; h) Reisebus
S. 91/1 b) Flughafen; c) buchen; d) landen; e) Zelt; f) Geschäft/Arbeit; g) Wasser; h) abfahren
S. 91/10 a) 2 einreisen, 3 verreisen; b) 1 ausschlafen, 2 verschlafen, 3 einschlafen; c) 1 einsteigen, 2 abzusteigen, 3 aussteigen; d) 1 ablesen, 2 verlesen, 3 durchgelesen
S. 91/11 b) Man konnte selbst viel Sport treiben. c) Man erfährt wenig über die Kultur ...; d) Wir sind ohne bestimmtes ...; e) Ich reise gern allein ...
S. 93/13 (2) Doch es kommt bald ...; (3) 200 km von Las Vegas entfernt ...; (4) Jasmin versteht sich ...; (5) Nach und nach entwickelt sich ...; (6) „Out of Rosenheim" ...
S. 93/15 1A, 2D, 3C
S. 94/16 (Lösungsbeispiel)

„Exklusivreisen"	Peter Mustermann
Kayagasse 2	Zöppritzstraße 20
50676 Frankfurt	33330 Gütersloh

Anfrage
Sehr geehrte Damen und Herren,
in der Frankfurter Allgemeinen las ich Ihre Anzeige über ein Hotel aus Eis und Schnee. Für meine Hochzeitsreise vom 13. Mai bis zum 1. Juni dieses Jahres suche ich für meine Frau und mich eine exklusive Unterkunft. Da wir ein außergewöhnliches, aber auch ruhiges Ambiente suchen, hätte ich gern gewusst, wie viele und was für Zimmer das Hotel hat, wie stark es zu der Jahreszeit besucht ist und welche Küche angeboten wird. Wir sind Vegetarier

und deshalb ist es für uns wichtig, dass der Koch auch fleischlose Gerichte schmackhaft zubereiten kann.
Wir hätten zudem gern gewusst, ob Sie noch andere „besondere" Hotels im Angebot haben.
Bitte schicken Sie mir nähere Informationen über das „Eishotel" und seine Umgebung sowie, wenn möglich, Hinweise auf andere Hotels. Vielen Dank für Ihre Bemühungen.
Mit freundlichen Grüßen
S. 95/18 **anrufen:** ruf an, ruft an, rufen Sie an; **lesen:** lies, lest, lesen Sie; **sich ausruhen:** ruh dich aus, ruht euch aus, ruhen Sie sich aus; **sprechen:** sprich, sprecht, sprechen Sie; **arbeiten:** arbeite, arbeitet, arbeiten Sie; **lächeln:** lächle, lächelt, lächeln Sie
S. 95/19 a) Mach; b) Kommt, macht; c) setzen; d) Iss; e) sei; f) seid; g) Sprich; h) Bring/Nimm; i) Passt; j) beeil
S. 96/20 b) (1) Mach rechtzeitig eine Checkliste. (2) Pack den Koffer. (3) Bestelle am Abend ein Taxi. (4) Pack wichtige Dinge ins Handgepäck. (5) Zieh bequeme Kleidung an. (6) Gib den Hausschlüssel beim Hausmeister ab. (7) Schalte Licht und Herd aus. (8) Erscheine pünktlich, 90 Minuten vor dem Start. (9) Wechsle ein bisschen Geld. (10) Such den Reiseleiter oder bestelle ein Taxi. (11) Ruf die Lieben zu Hause an. (12) Schließ die Wertsachen in den Hotel-Safe ein.
S. 96/21 (2) Erhol dich gut. (3) Schreib mal eine Karte. (4) Komm gesund wieder. (5) Pass gut auf dich auf. (6) Ruf mich mal an.
S. 96/22 (1) ... Dann komm' ich hinauf. (2) Kommen Sie doch herüber. ... wie soll ich hinüberschwimmen? (3) Ich muss noch meinen Kulturbeutel hineintun. ... dann musst du eben etwas herausnehmen.
S. 97/2 Reise, Platz, zelten, Kasse, Mützen, Spaß, stolz, besetzen, Seen, Wiese, Warze, Klasse, saß, Sessel, Netze, Tasse

LEKTION 8

S. 99/1 b) CD-Spieler, c) Konzert, d) Melodie, e) Jazz, Geschmack, f) Talent, g) Instrument
S. 100/2 b) Gitarre; c) Tuba; d) Metzger; e) Ballett
S. 100/4 b) Radio; c) Verstärker; d) Lautsprecher; e) MP3-Player
S. 101/5 a) nichts; b) irgendwo, nirgendwo/nirgends; c) jemand/jemanden, niemand/niemanden; d) einmal, nie/niemals, nie; e) einmal, nichts; f) etwas, nichts; g) jemand, niemand; h) jemandem, niemandem/keinem
S. 101/6 b) nichts; c) keine; d) nichts; e) keine; f) nichts; g) kein; h) keinen; i) nicht; j) nichts; k) nicht; l) nichts
S. 101/7 a) Anton kann nicht Klavier spielen. b) Diana interessiert sich nicht für Opern. c) Nicht ihr Onkel hat sie angerufen, sondern ihr Bruder. d) Ich möchte heute nicht tanzen gehen. e) Ich gehe nicht gern in klassische Konzerte. f) Meine Mutter kann Ihnen nicht helfen, aber mein Vater. g) Sie erinnert sich nicht an ihren Urlaub vor zehn Jahren, aber an den (Urlaub) im letzten Jahr. h) Ich kenne nicht Herbert Grönemeyer, aber Herbert Kohlmeyer. i) Ich kann dir die CD nicht leihen.
S. 102/8 (Lösungsbeispiele) Wer schreibt wem? Eine Privatperson an eine Tageszeitung. Wie lautet die Anrede? Sehr geehrte Damen und Herren. Worauf bezieht sich der Leserbrief? Auf den Artikel: „Ausgezeichnete Kinderarbeit" vom 24.06. Wie ist die Grußformel? Mit freundlichen Grüßen. Wie ist die Sprache im Brief? emotional.
S. 102/10 **Präpositionen mit Akkusativ:** bitten um, denken an, hinweisen auf, schreiben an/über, sich bedanken für, sich bemühen um, sich entscheiden für/gegen, sich erinnern an, sich freuen auf/über, sich konzentrieren auf, sich kümmern um, sich verlassen auf, sich verlieben in, sich verwandeln in, sich vorbereiten auf, sorgen für, verzichten auf, warten auf; **Präpositionen mit Dativ:** ableiten von, einladen zu, gehören zu, gelangen zu, gratulieren zu, passen zu, rechnen mit, sich auseinandersetzen mit, sich beschäftigen mit, sich erkundigen nach/bei, sich fernhalten von, sich treffen mit, sich verabreden mit/zu, stammen aus/von, suchen nach, teilnehmen an, vereinbaren mit, zusammenhängen mit
S. 103/11 b) auf den; c) in die; d) zu der; e) um seine; f) auf die; g) zu einem; h) an dem; i) Auf (die); j) mit dem; k) mit ihm; l) an das; m) für das
S. 103/12 b) danach; c) darauf; d) daran; e) darauf; f) daran; g) damit; h) darum; i) damit
S. 104/13 (Lösungsbeispiele) a) Er freute sich so sehr darauf, dass er nächste Woche Urlaub hat. b) Wir haben lange darüber diskutiert, ob wir mit dem Zug oder mit dem Auto in Urlaub fahren sollen. c) Er hat sich darüber beschwert, dass seine Nachbarn so laut Musik hören. d) Ich ärgere mich wirklich darüber, dass du meine neue Brille zerbrochen hast. e) Ich bemühe mich darum, dass Paolo an einem Sprachkurs teilnimmt.
S. 104/14 c) mit wem – mit; d) an wen – an; e) mit wem – mit; f) wozu – zu; g) womit – mit; h) an wen – an; i) worum/worauf – um/auf j) von wem – von; k) worüber – über; l) worauf – auf
S. 104/15 (Lösungsbeispiel) (2) Großartig! Gibt es noch welche in den vorderen Reihen? Und wenn ja, was kosten die? (3) Gut, dann hätte ich gern zwei Karten in der 5. Reihe für die Abendvorstellung. Kann ich die Karten reservieren? (4) Ich hole sie dann eine halbe Stunde vor Vorstellungsbeginn ab.
S. 105/17 Melodien, Preise, Debüt, Hit; Musiker, Komposition, Lied, Songs; Musik, Bühne, Gruppe
S. 106/18 b) zu; c) –; d) –; e) –; f) zu; g) zu; h) zu; i) zu
S. 106/19 a) Er lässt sich die/seine Haare ganz kurz schneiden. b) Das Publikum hört nicht auf zu applaudieren. c) Ich höre ihn laut Violoncello spielen. d) Leider hat er nie Lust, in Urlaub zu fahren. e) Letztes Jahr sind wir sehr oft tanzen gegangen. f) Er hat sich nicht helfen lassen. g) Du hast vergessen, den Termin abzusagen.
S. 107/4 Noten, knarren, nicken, noch, Knüller, nie, Nacken, Knebel

LEKTION 9

S. 109/1 (Lösungsbeispiel) Gebirge: klettern, wandern, verunglücken, umkommen, sich etwas brechen; Meer: sinken, windsurfen, umkommen, verunglücken; Bergunfall: abstürzen, retten, sich etwas brechen, sich verletzen, umkommen, verunglücken, wehtun; auf dem Pferd: reiten, trainieren; Rucksack: erblicken, retten; Strand: joggen, sich ausbreiten, trainieren, sich verletzen
S. 110/2 a) 13 – Lust auf Meer; 14 – Der Kilimandscharo ruft; 3 – Costa Rica; 11 – München; 1 – Vietnam; 2 – Malaysia; 5 – Kuba; 8 – Türkei b) (Lösungsbeispiele) 4 – Bielefeld: Wasser macht gesund! Wasser macht Spaß! Kommen Sie zu unseren Schwimmkursen im neuen Hallenbad. Wir bieten für jeden etwas! 6 – Boston: Dabei sein beim bekanntesten Marathon der Welt. 7 – Hawaii: Das ultimative Paradies für Surfer und solche, die es werden wollen! 9 – Hamburg, Studio Balance: Ein Muss für die schlanke und biegsame Linie. 10 – Die nächste Weltmeisterschaft kommt bestimmt! Aber das dauert noch. Und zwischendrin kommen Sie zu Real Madrid, damit Sie nicht vergessen, was ein Elfmeter ist. 15 – Iguazú: Lust, auf dem Amazonas Kanu zu fahren? Im Dezember geht es los! Mehr Informationen bei KLH Reisen.
S. 111/3 a) Vielleicht erzähle ich Dir erst einmal etwas über mich, denn wir müssen uns in einem gemeinsamen Urlaub ja schließlich verstehen und zusammenpassen. Ich habe schon fast alle Tauchparadiese dieser Welt erforscht, sowohl die Malediven und Australien als auch Jamaika und ... und ... Ich bin ein leidenschaftlicher Taucher und Naturfreak, also wirst Du einen erfahrenen Tauchpartner mitnehmen, mit dem Du viel Spaß haben wirst. Außerdem kann ich heiße Insidertipps über Kuba geben. Ich bin 26 Jahre alt, sportlich, unternehmungslustig, aktiv. Ich möchte nicht nur tauchen, sondern auch das Land sehen, ein bisschen herumreisen, in Discos gehen, Leute kennenlernen, einfach Spaß haben. Aber vor allem möchte ich die Natur erleben. Ich hoffe, bald von Dir zu hören, denn ich möchte wissen, ob, wann und wo wir uns treffen. Dann könnten wir Näheres besprechen.
S. 112/4 a) Nationalelf, Weltmeisterschaftsfinale, Sieg, sportlicher Triumph, Endspielsieg, Nationalspieler, Training, gewinnen, Maskottchen, WM
S. 112/5 **dick** – dicker – am dicksten; **klein** – kleiner – am kleinsten; **reich** – reicher – am reichsten; **hübsch** – hübscher – am hübschesten; **frisch** – frischer – am frischesten; **intelligent** – intelligenter – am intelligentesten; **elegant** – eleganter – am elegantesten; **hart** – härter – am härtesten; **kurz** – kürzer – am kürzesten; **teuer** – teurer – am teuersten; **dunkel** – dunkler – am dunkelsten; **heiß** – heißer – am heißesten; **alt** – älter – am ältesten; **groß** – größer – am größten; **jung** – jünger – am jüngsten; **lang** – länger – am längsten; **schwach** – schwächer – am schwächsten; **stark** – stärker – am stärksten; **nah** – näher – am nächsten; **hoch** – höher – am höchsten; **viel** – mehr – am meisten; **gern** – lieber – am liebsten; **gut** – besser – am besten
S. 113/6 a) –er, b) –(e)st, c) Umlaut, d) –e–, e) –e–.
S. 113/7 b) bessere; c) größeres/eleganteres/besseres/hübscheres; d) interessanteren; e) billigeres; f) schnelleres; g) modernere; h) schönere; i) mehr
S. 113/8 b) höchste; c) meisten; d) längsten; e) meisten; f) niedrigste; g) älteste; h) längsten; i) kleinsten
S. 114/9 a) Hamburg; b) größer – Bayern; c) höher – Zugspitze; d) älter – Heidelberg; e) teurer – Berlin; f) länger – Rhein; g) kleiner – Chiemsee; h) bekannteste – München; i) größte – Frankfurt
S. 114/10 (Lösungsbeispiele) (1) Größe – Frankreich ist größer als Deutschland. (3) Essen – In Italien schmeckt das Essen besser als in Deutschland. (4) Nationalsport – Der Nationalsport Englands ist weltweit

bekannter als der von Chile. (5) Leute – Die Menschen in Frankreich und Schweden werden europaweit am ältesten.
S. 115/11 a) 2 Dürre; 3 Sonnenschein; 4 durstig; 5 Steg; 6 Spiegel
b) **feminin:** die Brise; **maskulin:** der Wind, der Sturm, der Orkan, der Blitz, der Donner, der Regen, der Schnee, der Sonnenschein, der Frost, der Hagel; **neutral:** das Eis
c) maskulin
S. 115/13 (2) die Tiefe: (3) die Kälte; (4) die Trockenheit; (5) die Leichtigkeit; (6) die Größe; (7) die Ruhe; (8) die Dürre; (9) die Nässe; (10) die Fläche; (11) die Breite
S. 116/14 a) **Akkusativ:** den ersten Sportler / die erste Gruppe / das erste Mal / die ersten Menschen; **Dativ:** dem ersten Sportler / der ersten Gruppe / dem ersten Mal / den ersten Menschen; **Genitiv:** des ersten Sportlers / der ersten Gruppe / des ersten Mals / der ersten Menschen
b) Nominativ: -e / -es; Akkusativ: -en / -e / -es; Dativ: -en / -en / -en; Genitiv: -en / -en / -en
S. 116/15 (Lösungsbeispiel): Endung -e für Nom. m, f, n, und Akk. f, n. Die anderen Endungen sind -en.
S. 116/16 dreizehnten; siebenundzwanzigsten; ersten; sechzehnten; ersten
S. 117/17 b) f – als; c) r; d) f – hat mehr; e) f – als; f) r; g) f – höher; h) r; i) f – wie
S. 117/18 a) **Politiker:** John F. Kennedy – Helmut Kohl; **Regisseure:** Steven Spielberg – Caroline Link; **Fußballtrainer:** Franz Beckenbauer – Jürgen Klinsmann; **Maler:** Pablo Picasso – Rembrandt; **Schriftsteller:** Johann Wolfgang von Goethe – William Shakespeare; **Schauspieler/innen:** Marlene Dietrich – Gérard Depardieu; **Modeschöpfer:** Karl Lagerfeld – Giorgio Armani
S. 117/19 (Lösungsbeispiel) ... war ich mit Karsten in St. Moritz zum Ski fahren. Die Piste war schon ziemlich aufgeweicht und auf einem Buckel bin ich dann gestürzt. Als ich nicht mehr aufstehen konnte, hat Karsten den Rettungsdienst gerufen. Ich hatte mir das linke Bein gebrochen und musste zwei Wochen im Krankenhaus liegen.
Jetzt kannst Du vielleicht verstehen, warum Du in den letzten Wochen nichts von mir gehört hast. Aber Gott sei Dank geht es mir schon wieder besser. Bald kommt der Gips ab und ich kann wieder laufen. Du musst Dir also keine Sorgen machen. ...
S. 118/21 b) (Lösungsbeispiel) München, 18.8. 20..
Michaela Müller
Oskar-von-Miller-Ring 66
83335 München
An die
Redaktion des Sportjournals – Leserbriefe
Ihr Artikel über „Abenteuer Everest“
Sehr geehrte Damen und Herren,
in Ihrem Artikel „Abenteuer Everest“ gehen Sie leider nur wenig auf die doch immensen Gefahren dieser Herausforderung ein. Ich finde es unverantwortlich, dass auch nur an die Möglichkeit gedacht wird, jeder halbwegs trainierte Mensch könnte diesen außergewöhnlichen Berg bezwingen. Es handelt sich hier nicht um eine harmlose Bergtour in die Alpen, sondern um eine Expedition auf den höchsten Berggipfel der Welt. Durch Artikel wie den Ihren aber können Leser zu der abwegigen Meinung verführt werden, auch sie könnten sich einmal ihren Wunschtraum, vom Dach der Welt herabzublicken, erfüllen.
Und wozu das Ganze? Wozu immer mehr Menschen in immer entlegeneren, extremeren Regionen zu immer extremeren Leistungen herausfordern? Ich persönlich finde es besser, wenn klar ist, dass „der Schuster bei seinen Leisten“ bleibt und eine Bergbesteigung dieser Art wenigen Auserwählten vorbehalten bleibt. Es darf niemals einen Tourismus auf diesen Berg geben.
Mit freundlichen Grüßen
Michaela Müller
S. 119/3 a Studentin, lieben, rennen, liegen, sprecht, mir, Kollegen, dir, betten, springen, Lieder

LEKTION 10

S. 121/1 Accessoire: Tuch, Handtasche, Armbanduhr, Ohrring; Material: Stoff, Pelz, Baumwolle, Leder; Muster: einfarbig, geblümt, kariert, gestreift; Form: weiblich, eng, anliegend, weit; Kleidungsstück: Hemd, Hosenanzug, Kostüm; Farbe: einfarbig, bunt.
S. 122/2 (2) Welches Symbol ... – Etwas, was ...; (3) Wer dürfte ... – Ich kann auch Boss ...; (4) Wohin dürften Ihre Bodyguards ... -Ich hoffe, so geliebt ...; (5) Was müsste unbedingt ... – Ein Eisschrank ...; (6) In welchem Fortbewegungsmittel ... – BMW ...; (7) An welchem Skandal ... – Bei meinem ...
S. 122/3 Mode, Modeschöpferin, Qualität, Laden, Kollektion, Boutiquen
S. 122/4 b) weich fallender Stoff; c) ein gut aussehendes Model; d) das passende Outfit; e) ein eng anliegendes Kleid; f) ein hoch stehender Kragen
S. 123/5 b) gebräunte; c) geschnittene; d) geschlossene; e) geschlitzte; f) geschnürten; g) gepuderte; h) geknöpfte; i) aufgesetzten
S. 123/6 b) aufgehende; c) gestohlene; d) gepressten; e) korrigierten; f) gewaschenen; g) passende; h) glühenden; i) unterschriebenen; j) brennende; k) erschienene
S. 123/7 a) (2) schneeweiß; (3) bildhübsch; (4) feuerrot; (5) federleicht; (6) himmelblau; (7) schokoladenbraun; (8) hauchdünn
b) (2) schneeweiße Haut; (3) ein bildhübsches Model; (4) feuerrotes Haar; (5) federleichte Decken; (6) ein himmelblaues Auto; (7) schokoladenbrauner Vorhang; (8) hauchdünne Schokoladentäfelchen
S. 123/8 ca. – circa; vgl. – vergleiche; s. o. – siehe oben; etc. – et cetera (und so weiter); dt. – deutsch; usw. – und so weiter; u. a. – unter anderem; z.B. – zum Beispiel; d.h. – das heißt; evtl. – eventuell
S. 124/9 B – Was gehört noch zur Techno-Mode? C – An den Füßen ...; D – Die Uniform ...; F – Auf dem Kopf...
S. 124/10 1/A; 2/F; 3/C; 4/D; 5/B; 6/E
S. 125/11 (Lösungsbeispiel) Idee, gut – findest – zu teuer – ist eine, nehmen – zu eng sein – probier – findest – steht – recht – Frag – wird, schau, leid – nehme
S. 125/12 b) Drohung/Warnung; c) Vermutung; d) Versprechen; e) Erwartung; f) Versprechen; g) Drohung/Warnung; h) Erwartung; i) Versprechen; j) Drohung/Warnung; k) Erwartung, Versprechen
S. 126/13 a) Die Jacke wird nicht ganz billig sein. b) Sicher wird sie meinem Freund gefallen. / Sie wird meinem Freund sicher(lich) gefallen. c) Er wird mal wieder zu viel getrunken haben. d) Das Flugzeug wird Verspätung haben. e) Er wird keine Lust haben. f) Sie wird in einen Stau gekommen sein. g) Er wird krank geworden sein. h) Er wird beim Friseur sein.
S. 126/14 b) 2 r; 3 f; 4 r; 5 f; 6 f
S. 127/15 b) 2 Sehr geehrte; 3 beiliegend; 4 bestellt; 5 feststellen; 6 Außerdem; 7 sondern; 8 zurückzunehmen; 9 erstatten
S. 127/16 a) *Modalpartikeln:* eigentlich, so, ja; *Ausdrücke/Formulierungen:* ich hab' das gern, vor allem, immer schon gewesen; *Hauptsatz nach „weil“:* weil ich mag ..., weil die sind ...; *Abkürzungen:* hab (habe), 'ne (eine); Subjekt (besonders „es“) oft weggelassen.
S. 128/17 a) 3; b) 1; c) 2.
S. 128/18 b) Eigentlich, c) eigentlich, d) einfach, e) eigentlich, f) einfach, g) Eigentlich, h) eigentlich, i) einfach.
S. 128/19 b) 3, c) 1, d) 3, e) 2, f) 1
S. 129/4 Vokal und Doppelkonsonant: Ohrläppchen, Kette, Lippen, Wolle, Verschluss, dünn, Kamm, Schall, Watte, wusste, Hütte, füllen, stumm, still, wissen, Riss, Schiff, Motte, soll, hoffen, Wolle, Spott; *Vokal und zwei oder mehr Konsonanten:* Kontrast, lächeln, Hemd, Ring, möchte, kurz, warte, Sturm, Sport; *Vokal und ck:* Jacke, dick, Röcke, Lack; *Vokal und tz:* Mütze; *aa/ ee/ oo:* Saal; *ie:* Stiefel, Wiese, Riese, schief, Liebe; *Vokal und h:* Ohrläppchen, ähnlich, Sohle, Söhne, Schuh, fühlen, wohl; *Vokal+Konsonant+ Vokal:* Nase, Leder, Regen, Hose, Lösung, Bluse, Füße, jagen, Hüte, Mode; *Vokal und Konsonant am Wortende:* Hut, kam, lag, Stil, Hof

QUELLENVERZEICHNIS

Kursbuch S. 69: Foto aus: Nirgendwo in Afrika (2001) © Deutsches Filminstitut (DIF), Frankfurt; S. 70: Foto: © SV-Bilderdienst; Text (gekürzt) aus: www.br-online.de/kultur-szene/thema/caroline_link/link.xml mit freundlicher Genehmigung von HA Multimedia, Bayerischer Rundfunk München; S. 73: Fotos aus: Nirgendwo in Afrika (2001) © Deutsches Filminstitut (DIF), Frankfurt; S. 74: Foto: Deutsches Filminstitut (DIF), Frankfurt; S. 76: Filmplakate: Deutscher Fernsehdienst (defd), Hamburg; S. 78: Foto: AP Frankfurt; Liedtext: © Sanga Musik Inc. (Deutscher Text von Max Colpet), Rechte für Deutschland, Österreich, Schweiz und Osteuropa: ESSEX MUSIKVERTRIEB GMBH, HAMBURG; S. 79: Foto links: Deutsches Filminstitut (DIF) Frankfurt; rechts: Deutscher Fernsehdienst (defd), Hamburg; S. 81/82: Foto und Text von Ulrich Stock aus: DIE ZEIT vom 8.4.1995; S. 85: Fotos: MHV-Archiv (links unten: Franz Specht, alle anderen: Dieter Reichler); S. 87: Text von Helmut Hornung aus: Süddeutsche Zeitung vom 22.3.97; S. 89: Plakat: Michael Martin, München; S. 90: Abbildung und Text (aus a&r 2/96): Redaktion Abenteuer und Reisen © wdv Verlag, Bad Homburg; S. 93/94: Foto: Sabine Nolf, Feldkirch (Herr Knapp); S. 95: Abbildung: Sony Deutschland GmbH; S. 96: Text aus: Hasso Laudon, Wunderkind und Zauberflöte © Der Kinderbuch Verlag, Berlin; S. 97: Foto: SV-Bilderdienst; S. 98: Foto: Heinz Gebhardt, München; Interview mit Julia Fischer von Helmut Mauró aus: Süddeutsche Zeitung vom 24.4.95; S. 101: Abbildung links: Anzeige; Mitte: mit freundlicher Genehmigung von Wolfgang Bocksch Concerts, Mannheim (© wbc-musical); rechts: Deutscher Fernsehdienst (defd), Hamburg; S. 102: Text von Arezu Weitholz aus: SZ-Magazin 34/97; S. 105: Foto: Office Reinhold Messner, Meran; S. 106: Text aus: Reinhold Messner/Ronnie Faux, Die autorisierte Biographie von Ronnie Faux (Textauszug) © 1981 by in der F.A. Herbig Verlagsbuchhandlung GmbH, München (Übersetzung von Ursula Pommer); S. 108: Fotos: MHV-Archiv (Nr. 4 von links: irisblende.de; alle anderen: MEV); S. 109: Fotos: MHV-Archiv (links und rechts: Erna Friedrich, Mitte: Elisabeth Stiefenhofer); S. 110: Foto: Office Reinhold Messner, Meran; Text aus: Reinhold Messner, Everest Expedition zum Endpunkt, BLV Verlagsgesellschaft, München; S. 111: Abbildung aus: Reinhold Messner, Alle 14 Achttausender. Überlebt, BLV Verlag, München; S. 113: Schuhe: Lowa Sportschuhe; Nordic Walking Stöcke: Komperdell Sportartikel; S. 114: Fotos: MHV-Archiv (Dieter Reichler); S. 117: Foto: Interfoto, München; S. 118: Abbildung und Text aus: Caroline Rennolds Milbank, Couture, © 1997 by DUMONT Buchverlag, Köln; S. 120: Abbildung links: Quelle-Katalog (KL by Karl Lagerfeld) Quelle Schickedanz AG, Fürth; rechts: WSC CHIEMSEE (KGK Kern Gottbrath Kommunikation); S. 121: gekürzter Text aus: Der Große Brockhaus, Band 7, Bibliographisches Institut & F.A. Brockhaus AG, Mannheim; S. 124/125: Text aus: Michael Tambini, Look of the Century. Das Design des 20. Jahrhunderts, © 1997 by Battenberg Verlag, Augsburg; Zeichnungen: Marion Steidle, Feldkirchen-Westerham; S. 127: Fotos links und Mitte: MHV-Archiv (irisblende.de, MEV); rechts: age fotostock / mauritius images

Arbeitsbuch Seite 79: Text frei nach: TV-movie 9/1997, Foto: Deutsches Filminstitut (DIF), Frankfurt/Main; Seite 82: Abbildung: Deutscher Fernsehdienst (defd), Hamburg; Seite 83/84: Text frei nach: Heyne Filmjahrbuch 1998; Heyne Verlag, München; Seite 85/90/97: Gedichte von Josef Guggenmos aus: Oh, Verzeihung, sagte die Ameise, 1990 Beltz & Gelberg in der Verlagsgruppe Beltz, Weinheim & Basel; Seite 93: Text frei nach: Lexikon des Deutschen Films, Reclam Verlag, Stuttgart 1995; Foto: Deutsches Filminstitut (DIF), Frankfurt/Main; Seite 94: Text oben frei nach: M-terminal, Zeitung der Flughafen München GmbH, 9/10 1997; Anzeigen: Reiseprospekt; Seite 105/106: Fotos: Musik + Show, Claus Lange, Hamburg; Text (Skorpions, Grönemeyer) nach: Thomas Hammerl, Rock & Pop Starlexikon, 1997 Loewe Verlag GmbH, Bindlach; Seite 112: Foto: Deutsches Filminstitut (DIF), Frankfurt/Main; Text gekürzt nach: www.br-online.de/kultur-szene/film/kino (Heiko Rauber); Seite 113/114: Text aus: Guinness World Records Buch, © Verlag der Rekorde, Hamburg; Seite 118: Text gekürzt aus: AZ vom 3.3.1998 (Florian Kienast); Foto aus: Alle 14 Achttausender, Überlebt, BLV Verlagsgesellschaft, München; Seite 122: Interview mit K. Lagerfeld gekürzt aus: GQ, Januar 1998; Text (Jil Sander) frei nach: Burda Moden 12/97; Foto: SZ Bilderdienst, DIZ München; Seite 124: Text oben nach: JUMA 2/96, Seite 35; Seite 126: Studie (So kleidet Man(n) sich) gekürzt von GfK, Frankfurt/Main; Seite 127: Hörtext „Jeans": Bernhard Schulz, München